단단이 하늘나라에서 전학을 왔어요.

 영영은 단단의 짝이에요.

 해마루 선생님이 단단과 영영에게 국어를 가르쳐요.

〈똑똑이 국어 문학〉 첫 시간이에요.
수업 풍경 속으로 뛰어들어 볼까요?

말랑말랑 국어 완전정복-2

똑똑이 국어문학

이동훈 지음

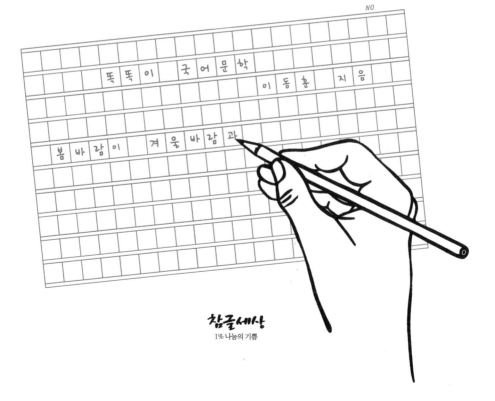

참글세상
1% 나눔의 기쁨

문학을 사랑하면 행복합니다

문학을 사랑하면 행복합니다.
푸근하고 말랑말랑하고 여유롭지요.

자전거를 잘 타면 행복합니다.
짜릿하고 즐겁습니다.

우리에게 문학은 요술 자전거와 같아요.
그래서 문학 공부는 자전거 타기 연습입니다.
밤중에라도 혼자서 고요히 페달을 밟으면 어디선가 푸른 바람이 달려오고, 어릴 때 소풍가던 그 설레던 기분이 아스라이 찾아오기도 합니다.
사람들은 요술 자전거를 타고서
어느 곳이든 자신의 꿈을 찾아갈 수 있어요.

문학 공부는 이 세상 행복 체험의 고갱이와 같습니다.
국어 문학 공부는 감동 어린 체험을 소중히 여기는 마음을 갖게 하여, 스스로를 행복한 사람으로 가꾸도록 끊임없이 격려하고 힘을 북돋워 주기 때문입니다.

나무 그림자가 더없이 호젓하고 쓸쓸해 보입니다.
자동차의 파도와 사람의 물결을 멀리서 어루만져주는
자연 풍경은 그대로가 문학이고 예술입니다.

문학을 사랑하면 행복합니다.
이론 공부도 열심히, 창작 공부도 열심히!
자전거는 타야 제맛이고 글은 써야 제맛이죠.
이 책의 끝에 보면 "해마루 창작 교실"이 환해요.

국어 문학 공부를 즐겁게 할 수 있다면 삶이 한결 행복해집니다.
모쪼록 이 책을 통해 독자 여러분이 스스로 행복한 사람이 되기를
두 손 모아 기원합니다.

- 경자년 새해를 품에 안으며

이동훈 삼가 씀

2 공감의 즐거움을 나누다
−소설(이야기)

7 창작의 즐거움
−문학의 꽃을 피우다

1 문학의 아름다움을 찾아서

- 시 (시적 표현)

마중물 1

마중물 》땅 밑의 물을 끌어 올리려고 펌프에 먼저 붓는 약간의 물

해마루 〉 하하하 애들아, 반갑구나. 그간 국어문법 공부하느라 고생이 많았다. 많이 힘들었지? 그래도 끝내고 나니 얼마나 뿌듯하니? 문법 지식이 풍부하면 하루하루가 즐겁고 일생이 행복해지거든. 살아보면 실감할 수 있어. 우리가 고생한 만큼 얻는 게 참으로 많았던 문법 공부야. 단단아, 영영아, 고생했어.

자, 오늘부터는 우리가 문학 공부를 할 거야. 문학 공부는 국어 공부의 꽃이지. 문법을 밑거름으로 해서 피어나는 꽃이 문학이거든. 문학 공부는 꽃 보듯이 하면 돼. 그러면 마음이 푸근하고 여유롭고 넉넉해져. 물론 문학 공부도 기초 부분은 정리하고 암기할 게 참 많아. 어찌 보면 문법 공부와 비슷하지. 그러나 애들아, 겁먹을 필요는 없어. 문학은 사람이 살아가는 이야기를 다루는 거잖아. 그러니까 우리가 문학 공부를 하더라도 낯설지가 않고 접촉하기가 편안해. 게다가 문학 공부에는 사람살이의 향기가 노상 뭉클해서 즐겁고 행복하기까지 하지.

단단 〉 선생님, 문학을 배우다 보면 저절로 인생을 알게 되나요?

그러면 그게 바로 '꿩 먹고 알 먹고, 도랑 치고 가재 잡고, 일석이 조'아닌가요?

🙂 **영영** 〉 선생님, 국어 지식은 하나의 끈으로 꿰어진 구슬 같아요. 문법 지식도 그렇고 문학 지식도 그렇겠죠. 지식 하나하나는 구슬 알갱이인데 이걸 잘 꿰면 찬란한 보석이 되거든요. 지식이 뿔뿔이 흩어져 있으면 아무것도 아닌데 말이에요. 구슬 알갱이를 자기의 손으로 자기가 직접 꿰지 않는다면 수많은 지식들이 결코 보석이 될 수가 없겠죠? 그러니까 공부한다는 것, 배운다는 것은 일생을 두고 나만의 보석을 만드는 과정인 것 같아요.

😎 **해마루** 〉 와우 아주 멋진 표현인데. 그래 맞아. 배움이란 나만의 보석 만들기야.

　　위의 표를 보면 알잖아. 이만하면 문학 앞마당이 깨끗이 정리되었겠지?

🙂😎 **단단, 영영** 〉 필기할 시간을 주세요, 선생님.

😎 **해마루** 〉 그래 지금부터 공책에 표를 옮겨 적으며 스스로 느끼면서 깨치기 바란다.

🙂😎 **영영** 〉 (말없이 표를 그리고 열심히 필기를 한다.)

해마루 〉 필기를 할 때는 한 낱말씩 보고 적고, 또 보고 적고 하지 말고! 한 줄을 통째로 외워서 적으려고 애쓰기 바란다. 이런 것도 두뇌 훈련의 일종이거든. 문장을 통째 외워 적으면 두뇌 발달에 그만큼 좋겠지? 너희들 때는 머리를 쓰면 쓸수록 좋아진다고 하지 않니? 팔다리와 몸을 자꾸 쓰면 신체 능력이 발달하듯이 머리도 쓸수록 좋아지거든. 이 정도는 외워서 적어야 생각하는 힘이 늘고 암기력이 좋아지고 자존감과 자신감이 산처럼 높아지는 거야.

애들아, 알겠니? 공부할 때는 자기 머리를 자꾸 쓰는 게 좋아. 이게 공부의 기본자세야.

단단, 영영 〉 (크게) 넵, 알겠습니다.

단단 〉 저는 '문학' 공부가 정말 기대가 돼요. 국어 공부가 재미있거든요. 예전에는 미처 몰랐어요. 문법할 때부터 새 것을 배울 때마다 즐겁고 기쁘고 신기하고 가슴께가 짜릿 짜릿했어요.

영영 〉 호호호 그건 정말 저도 그래요. 앞으로 제가 국어 공부를 더욱 사랑할 것 같아요. 이게 다 앞에서 배웠던 〈똑똑이 국어 문법〉 덕분이 아닐까 생각해요.

해마루 〉 하하하 그래? 내가 다 기분이 좋구나. 너희들이 이렇게 공부를 열심히 해 주니까 얼마나 좋아. 가르치는 즐거움이 시간마다 새록새록 돋아난다. 너희들은 내가 고맙겠지만 나는 너희들이 참 고맙거든. 잘 가르치고 잘 배우는 것은 인생을 살면서 얻게 되는 몇 안 되는 아주 행복한 경험이란다.

애들아, 어때? 너희들은 지금 행복하니?

단단, 영영 > 네 선생님, 우리는 지금 행복해요.

해마루 > 그래 나도 행복하단다. 공부에서 행복을 찾다니 정말 너희들은 복 받았구나. 복은 받으라고 있는 거고 공부는 하라고 있는 거란다. 이 정도는 알고 있겠지? 하하하.

문학 시간답게 멋진 말로 명언을 한번 만들어보고 공부를 시작하면 어떨까? 첫 번째 명언은 누가 지어볼까?

단단 > 선생님, 제가 만들어볼게요. 문법 시간 때부터 틈틈이 생각해둔 거예요.

"인생은 정답이 없어도 국어 시험 문제는 정답이 있다."

문학 공부도 열심히 해보자는 뜻으로 지었습니다. 어때요? 괜찮나요?

해마루 > 그래, 아주 좋구나. 국어 공부와 인생을 잘 연결 지었네.

영영 > 선생님, 호호호 좋은데요. 문학적 표현이 아닌데도 근사해요. 멋져요. 깜냥의 철학이 맵시 있게 들어 있는 것 같아요.

① 시란 무엇?

문학 : 생각이나 느낌, 정서를 언어로 표현한 예술

1. 문학은 말이나 글로 표현하는 언어 예술

    (문학의 5대 갈래 = 시, 소설, 수필, 희곡, 평론)

2. 문학의 탄생

    – 원시인들의 춤과 노래(원시종합예술)에서 문학이 탄생했어요.

    – 예술은 아름다움을 창조하고 표현하는 활동이에요.

    (표현 수단에 따라 예술은 다양해요. 가령 문학은 말이나 글로 표현하는

    언어 예술이고, 음악은 목소리나 악기로 표현하는 예술이고, 무용은 춤

    이나 몸동작으로 표현하는 예술이지요.)

3. 문학 장르(갈래)는 시로 대표되는 운문 문학과 소설로 대표되는

    산문 문학으로 나눕니다.

실력 돋보기

시 : 생각이나 정서를 운율 있는 언어로 짧게 표현한 운문 문학

1. 시의 3요소

　① 운율 : 음악적 요소 – 낭송으로 느껴지는 말의 가락

　② 심상 : 회화적 요소 – 마음속에 그려지는 그림, 이미지

　③ 주제 : 의미적 요소 – 중심 생각이나 느낌

2. 시의 형식상 종류

　① 정형시 : 정해진 형식이 있는 시(우리나라 = 시조)

　② 자유시 : 자유롭게 쓴 시(현대시의 대부분)

　③ 산문시 : 산문처럼 줄글로 길게 쓴 시(극히 드묾)

3. 시의 내용상 종류

　① 서정시 : 정서를 표현한 시(현대시의 대부분)

　② 서사시 : 사건, 이야기를 표현한 시(역사적 사건이나 영웅 이야기)

　③ 극시 : 희곡처럼 표현한 시(연극을 위한 시/괴테의 '파우스트'등)

 **해마루 톡톡**

시(詩) = '시(詩)'에서 '언(言)'은 '말'을 뜻하고, '사(寺)'는 '절, 사찰'을 뜻해요.
그래서 '시'는 옛날부터 맑고 깨끗하고 고요하고 거룩한 언어 사용과
관계가 깊지요.
"시는 사무사(思無邪)"– 맑고 깨끗한 마음 바탕 – 공자님 말씀이에요.

아래 설명이 맞으면 ○, 아니면 ×표를 하세요.

1. 시는 운문 문학이다. ( )

2. 시는 일상 언어를 쓰지 않는다. ( )

3. 시는 문학 중에서 가장 늦게 나타났다. ( )

4. 원시 시대에 부르던 노래가 시의 첫 출발이다. ( )

5. 산문 형식의 시는 있지 않다. ( )

6. 우리나라 시조는 정형시다. ( )

7. 시는 새로운 지식과 정보를 담는다. ( )

8. 시에서는 감정이나 느낌을 직접 표현하는 게 좋다. ( )

9. 현대시는 대부분이 자유시, 그리고 서정시이다. ( )

10. 문학은 크게 운문 문학이 있고 산문 문학이 있다 ( )

실 력 다 짐 .... ◎

가. 다음 문장에서 □에 들어갈 말은?

1. 시는 생각이나 느낌을 □□이 있는 언어로 표현한다.

2. 시는 공자의 표현대로 □□□로 드러난다.

3. 시를 형식상으로 나누면 □□□, 자유시, 산문시가 있다.

4. 시를 내용상으로 나누면 서정시, □□□, 극시가 있다.

5. 현대시의 대부분은 자유시이며 □□□이다.

나. 다음 설명이 맞으면 ○, 아니면 ×표를 하세요.

1. 우리나라 현대 시조는 자유시에 속한다.　　(　)
2. 시는 문학 장르 중에서 가장 먼저 발달했다.　　(　)
3. '사무사'는 문학 갈래 중에서 소설과 관계 된다.　　(　)
4. 시의 3요소는 운율, 심상, 주제이다.　　(　)
5. 시에서 느껴지는 말의 가락을 '심상'이라고 한다.　　(　)

② 시의 구성

• 시의 형식 요소

　　→ 시어, 시행, 연, 운율

　　① 시어 : 시에 쓰인 말

　　② 시행 : 시어들이 모여 이루어진 한 줄

　　　　　　(소설로 치면 '문장')

　　③ 연 : 몇 개의 시행이 모여 이루어진 한 덩이

　　④ 운율 : 시를 읽을 때 느껴지는 말의 가락

• 시의 내용 요소

　　→ 주제, 소재, 제재, 이미지

　　① 주제 : 시에 담긴 중심 생각

　　② 소재 : 시의 내용을 이루는 다양한 재료

　　③ 제재 : 가장 중심이 되는 소재(주제와 관련하여)

　　④ 이미지(심상) : 시를 읽을 때 마음에 느껴지는 감각적인 것

　　　　　　(심상은 감각 기관을 자극하여 시를 생생하게 감상케 함)

1. 운율 : 말의 가락

　① **내재율** : 일정한 규칙 없이 속으로 흐르는 말의 가락

　　주관적 운율

　② **외형률** : 일정한 규칙이 있어 겉으로 보이는 말의 가락

　　객관적 운율

　　　　　(정형시에 나타남 = 외재율, 정형률)

2. 심상(이미지) : 사람의 감각 기관을 활용

　① 시각적 심상 : 눈으로 보는 느낌

　　| 보기 | **빨간 맨드라미의 미소**

　② 청각적 심상 : 귀로 소리를 듣는 느낌

　　| 보기 | **졸졸졸 시냇물 소리**

　③ 후각적 심상 : 코로 냄새를 맡는 느낌

　　| 보기 | **향기로운 들꽃 냄새**

　④ 미각적 심상 : 혀로 맛을 보는 느낌

　　| 보기 | **혀끝을 톡 쏘는 약수**

　⑤ 촉각적 심상 : 피부로 촉감을 느낌

　　| 보기 | **서늘한 별빛이 이마를 때린다**

　⑥ 공감각적 심상 : 하나의 감각을 다른 감각으로 표현

　　| 보기 | **분수처럼 흩어지는 종소리**

　　　　→ 청각(=종소리)을 시각(=분수처럼 흩어지는)으로 표현

시어와 일상 언어가 다르지 않아요.
　→ 시인은 '시어를 낚는 어부'

〈시어〉
① 뜻 : 시에 쓰인 말
② 시어와 일상어
　– 시어와 일상어는 다르지 않아요.
　　(시어는 일상어를 적재적소에, 세련되게 표현할 뿐)
　– 시어는 함축적 의미(비유적 의미)를 중요시해요.
③ 일상 언어(일상어)와 문학 언어(시어)
　– 일상 언어는 사전적 의미(=지시적 의미)를 주로 사용하고
　문학 언어는 함축적 의미(=비유적 의미)를 주로 사용해요.
　– 일상 언어는 의사 전달을 목적으로 하고
　문학 언어는 감동 전달을 목적으로 해요.
　(시어는 정서 표현과 언어의 아름다움을 지향함)

기본연습

가. 다음 문장에서 □에 들어갈 말을 쓰세요.

1. 시의 형식 요소에서 가장 작은 단위는 □□이다.
2. 시에서 쓰인 말을 □□(이)라고 한다.
3. 소설에서 '문장'에 해당하는 형식 요소가 시에서는 □□이다.
4. 시에서 가장 중심이 되는 소재를 □□(이)라고 한다.
5. 시의 운율은 □□□과 외형률이 있다.

나. 아래 설명이 맞으면○, 아니면×표를 하세요.

1. 시어와 일상어는 전혀 다르다.   (   )

2. 문학 언어는 사전적 의미보다 함축적 의미에 더 집중한다. (   )

3. 같거나 비슷한 문장 구조가 반복되면 운율이 사라진다.   (   )

4. 시를 읽을 때 느끼는 말의 가락을 '시행'이라고 한다.   (   )

5. 문학의 언어는 정보 전달보다 정서 전달을 더 중요시한다. (   )

6. 객관적 운율은 정형시에 나타나는 운율이다.   (   )

7. 내재율은 주관적 운율이라고도 한다.   (   )

8. 일상 언어는 언어를 주로 사전적 의미로 많이 쓴다.   (   )

9. 문학 언어는 언어를 주로 함축적 의미로 많이 쓴다.   (   )

10. 시는 원시종합 예술에서 탄생하였다.   (   )

실력다짐 ．．．．．．．．．．．．．．．．．．．．．．．．．．．．．．．

가. 다음 문장의 심상(이미지)에 쓰인 감각의 종류를 적으세요.

    – 시각, 청각, 미각, 후각, 촉각,

1. 오월은 향긋한 비누 냄새가 난다.   (   )

2. 우르릉 쾅쾅 천둥소리 요란한   (   )

3. 봄은 고양이 울음소리다.   (   )

4. 예쁜 아기가 방긋방긋 웃는다.   (   )

5. 달착지근한 보람의 시간들   (   )

나. 다음 설명이 맞으면 ○, 아니면 ×표를 하세요.

1. 시어가 따로 있는 게 아니라 일상어를 적재적소에, 세련되게 표현한 게 시어다. ( )
2. 일상 언어는 사전적 의미보다 지시적 의미를 더 중시한다. ( )
3. 같거나 비슷한 문장 구조가 반복되면 운율이 나타난다. ( )
4. 시를 읽을 때 느끼는 말의 가락을 '운율'이라고 한다. ( )
5. 문학의 언어는 사전적 의미에 충실하다. ( )

다. 시에서 공감각적 표현은 하나의 감각을 다른 감각으로 나타내어 언뜻 둘 이상의 감각이 함께하는 것입니다. 다음 표현에 들어 있는 공감각은 무엇인가요? □를 채우세요.

1. 분수처럼 흩어지는 푸른 종소리

    → 청각을 □□ 으로 표현

2. 파아란 바람이 불어

    → 촉각을 □□ 으로 표현

3. 은빛 비린내가 눈부시다

    → 미각을 □□ 으로 표현

4. 꽃처럼 붉은 울음

        → 청각을 ☐☐으로 표현

5. 금으로 타는 태양의 즐거운 울림

        → 시각을 ☐☐으로 표현

1. 낱말의 뜻(의미)
   – 모든 낱말은 2개의 의미를 갖고 있어요. (사용하기 나름)
   – 이것을 잘 알면 문학적 표현에 한껏 밝아져요.

   ① 사전적 의미(=지시적 의미) : 사전에 적힌 대로 원래의 뜻
           | 보기 | 길에서 돌멩이 하나를 주웠다.
   ② 함축적 의미(=비유적 의미) : 문장 구조 속에 감추어진 뜻
           | 보기 | 가슴에 돌멩이를 얹은 듯하다. (답답, 짐스러움, 고통)

2. 국어는 용어의 차이가 수준의 차이예요. 초등학교 때 쓰는 국어 용어와
   중고등 때 국어 용어는 차이가 커요. 가령 초등학교에서는
   '허구적', '함축적'– 이런 용어를 쓰지 않아요.
   새로운 용어를 배운다는 것은 새로운 지식을 배운다는 것이고,
   정신세계의 차원이 높아짐을 의미하게 되지요.
   새롭게 등장하는 용어를 하나하나 깨끔히 정리하여 지식의 수준을
   한 단계 끌어올리세요. 응원합니다. 화이팅!

③ 시의 화자

 바탕 다지기

- 시의 화자 : 시 속에서 말하는 이
    (= 시적 자아, 서정적 자아)
  – 시의 어조와 분위기를 만듦

 실력 돋보기

시의 화자는 시인의 대리인

　그래서 시의 화자는 시인 자신이기도 하고 전혀 엉뚱한 인물이거나 때로는 사물이기도 해요. 왜냐하면 시적 상황에 맞게 시인이 화자를 창조하니까 그런 거죠. 시인은 화자를 통해 작품의 분위기나 중심 생각을 잘 전달하고 시의 표현 효과를 한껏 높여야 하거든요.

　예를 들어, 작품 전체에 부드러움이 필요할 때는 여성 화자를, 격렬한 분위기나 힘이 필요할 때는 남성 화자를, 순수함이 필요할 때는 어린 소년이나 소녀가 시의 화자가 되겠지요.

　김소월의 유명 작품 '엄마야 누나야'에서 시의 화자를 한번 확인해 볼까요?

엄마야 누나야 강변 살자

뜰에는 반짝이는 금모래 빛

뒷문 밖에는 갈잎의 노래

엄마야 누나야 강변 살자

– 이 작품의 화자는 (어린 소년)이에요.

복합적 심상 / 공감각적 심상
- 2개 이상의 심상이 나란히 표현되어 있는 경우가 복합적 심상이에요.
- 공감각적 심상은 하나의 감각을 다른 감각으로 바꾸어 나타내는
  고급 표현 기술이고, 복합적 심상은 2개 이상의 감각을 나란히
  나타내는 단순 표현 기술입니다.

| 보기 | 분수처럼 흩어지는 푸른 종소리
  → 공감각적 심상 (청각의 시각화 표현)

| 보기 | 새빨간 감 바람소리
  → 복합적 심상 (시각+청각)

기 본 연 습

다음 설명이 맞으면 ○, 아니면 ×표를 하세요.

1. 시의 화자는 시인 자신일 수도 있고 아닐 수도 있다.　　　(　)
2. 표현의 아름다움이나 시적 효과를 위해 시는
　 사투리를 쓸 수도 있다.　　　　　　　　　　　　　(　)
3. 시의 새로움을 위해 문법에 틀린 표현도 쓸 수 있다.　　(　)
4. 시에서 말하는 이를 서정적 자아 또는 시적 자아라고 한다. (　)
5. 지금은 사용되지 않는 옛말을 쓰는 것이 시에서는 허용된다. (　)
6. 시는 주제를 직접적으로 드러낸다.　　　　　　　　(　)
7. 시인은 낱말에 새로운 의미를 담을 수 있다.　　　　(　)
8. 복합적 심상과 공감각적 심상은 같은 것이다.　　　　(　)
9. 시는 '시적 허용'이라는 장치가 있다.　　　　　　　(　)
10. 시의 화자는 시인 자신이며 실제 인물이다.　　　　　(　)

실 력 다 짐

가. 다음 표현에서 <u>공감각적 심상</u>이 있으면 '공'을 쓰세요.

1. 길가에 핀 노오란 들국화　　　　　　　　　　(　)
2. 푸른 웃음이 쏟아지는 교정　　　　　　　　　　(　)
3. 님의 향기로운 말소리가　　　　　　　　　　　(　)

4. 모든 순간이 다아 꽃봉오리인 것을 　　　　　　　　　(　)

5. 흔들리는 종소리의 동그라미 속에서 　　　　　　　　(　)

나. 다음 설명에서 □에 들어갈 시 전문 용어를 쓰세요.

1. □□□심상은 2개 이상의 감각이 함께 들어간 심상이다.

2. 시의 화자는 서정적 □□(이)라고도 한다.

3. 시의 화자는 작품에서 □□와(과) 분위기를 형성한다.

4. 시의 3요소는 운율, □□, □□이다.

5. 심상은 시에서 회화적 요소로 □□□라고도 한다.

4 운율

 바탕 다지기

운율 : 시에서 느끼는 말의 가락. 리듬

– 운율은 시에 음악성을 부여해 주어요.

그래서 시를 읽으면 노래 가락과 같은 느낌을 받게 되지요.

말의 리듬이 운율입니다.

|보기| 나리 나리 개나리 / 입에 따다 물고요

실력 돋보기

운율 = 운 + 율

운 : 특정한 위치에 같은 음운을 반복함 (두운–앞, 각운–끝)

율 : 같거나 비슷한 소리 덩어리를 반복함

→ 그러니까 '운'은 눈에 직접 보이고, '율'은 속에 숨어 있는

가락이에요.

두운 : 앞 글자를 똑같이 맞춤

|보기| 홍–홍길동은 /길–길에서 / 동–동전을 주웠다.

각운 : 끝 글자를 똑같이 맞춤

| 보기 | 끝을 똑같이 '~노라'로 함 / 왔노라 싸웠노라 이겼노라

- <u>운율을 만드는 방법</u>
  - 운율은 소리의 규칙적인 반복에서 만들어져요.

    (보기: 나리 나리 개나리)
  - 운율은 사람들에게 안정감과 미적 쾌감을 주지요.

    ① 비슷하거나 같은 음운을 반복해요.

    | 보기 | 청포도 알 알알이

    ② 의성어나 의태어를 사용해요.

    | 보기 | 젖 달라고 꿀꿀꿀

    ③ 일정한 글자 수를 반복해요.

    | 보기 | 아리랑 아리랑 아라리요

    ④ 비슷하거나 같은 문장 구조를 반복해요.

    | 보기 | 햇빛은 바람이 고맙고

    　　　바람은 햇빛이 고맙고

    ⑤ 같은 위치에서 같은 음을 반복해요.

    | 보기 | 돌담에 속삭이는 햇발같이

    　　　풀 아래 웃음 짓는 샘물같이 (각운)

운율에서 '운'은 눈에 잘 보여요. 겉으로 가락이 드러나죠.
예를 들어, 자기 이름으로 삼행시를 만들어볼까요?

> | 보기 | 아이유
>   → 운을 띄워볼까요? (여기서 '운'은 두운임)

아 : <u>아</u>유 이게 누구야
이 : <u>이</u>쁘기도 하지
유 : <u>유</u>, 이름이 뭐예요?ㅋㅋ

그러나 '율'은 가락이 눈에 안 보여요. 그냥 시에서 음악적인 느낌이
있을 뿐이죠. 모든 시 작품 속에는 운율이라는 강물이 있습니다.
까닭에 시를 읽으면 운율이 흐르죠.

기 본 연 습

아래 설명이 맞으면 ○, 아니면 ×표를 하세요.

1. 시에서 운율은 음악적 요소에 해당한다.　　　　　(　)

2. 시에서 심상은 회화적 요소에 해당한다.　　　　　(　)

3. 시에서 주제는 의미적 요소에 해당한다.　　　　　(　)

4. 시의 3요소는 운율, 심상, 주제이다.　　　　　　(　)

5. 운율은 외형률과 내재율의 2가지가 있다.　　　　(　)

6. 외형률은 현대 자유시에 흔하다.　　　　　　　　(　)

7. 내재율은 주관적 운율, 또는 정서적 운율이라고도 한다.　　（　　）

8. 모든 시에는 운율이 겉으로 드러나 있다.　　（　　）

9. 의성어나 의태어를 사용해도 운율이 만들어진다.　　（　　）

10. 시에서 일정한 글자 수를 맞추어 갈 때 운율이 생긴다.　　（　　）

실 력 다 짐 ....

가. 다음 표현에서 운율이 느껴지면 ○, 아니면 ×표를 하세요.

1. 토실토실 귀여운 아기 돼지　　（　　）

2. 국수사리가 익으면 빨리 건져서 찬물에 씻어라.　　（　　）

3. 산에는 꽃 피네 꽃이 피네　　（　　）

4. 태산이 높다 하되 하늘 아래 뫼이로다.　　（　　）

5. 시는 언어를 함축적으로 사용하는 문학 갈래이다.　　（　　）

나. 다음 설명이 운율을 만드는 방법에 해당하면 ○, 아니면 X표를 하세요.

1. 같은 음운이나 낱말을 반복한다.　　（　　）

2. 시각적 심상의 낱말을 자주 사용한다.　　（　　）

3. 동일한 문장 구조를 반복한다.　　（　　）

4. 일정한 글자 수를 반복한다.　　（　　）

5. 공감각적 심상을 사용한다.　　（　　）

마중물 2

해마루 〉 이야, 대단해요. 그 말이 맞고말고. 예술은 작품에 인간과 삶의 진실을 담지. 문학은 언어를 수단으로 해서 그것을 아름답게 표현해보자는 얘기야. 그러니까 시적 표현의 예술 값어치가 여기서 유난하거든. 시는 모든 예술의 고향과 같은 존재야.

하하하 이렇게 해서 문학이 지구별에 태어났지. 시, 소설, 수필, 희곡 등 다양한 문학 갈래들은 인간의 다채로운 삶을 반영하고 되비추는 거울이라고 할 수 있어. 그래서 문학 작품은 저마다 독특한 모양새와 아름다움과 향기를 품고 있는 거지.

영영 〉 그러니까 '문학' 공부도 결국은 자기 생각이 중요하군요. 문법 공부처럼 자기 가슴으로 느끼고 자기 머리로 생각하고 자기 손으로 정리하는 게 '문학 공부'이겠군요.

해마루 〉 그렇지. 무엇이든 무턱대고 받아들이려고만 해선 안 돼. 어떤 지식이라도 내가 기준을 세워서 새삼 생각해보는 게 중요해. '나라면 이럴 때 어떻게 할까?'라는 생각, 이게 참 중요하거든. 이 과정을 거쳐야 그 지식이 비로소 내 것이 되지. 지식을 막무가내로 그냥 막 집어넣으려 하면 안 돼. 반드시 자기 가슴과 머릿속의 여과 장치를 적극적으로 잘 사용해야 돼. 그래야 자기 기준이 또렷한 사람, 자아가 반듯한 사람이 될 수가 있어. 이것은 곧 스스로 사람 되라는 공부지. '먼저 사람이 되자' – 이게 공부의 진정한 목적이고 배움의 진정성이 아니겠니?

😊 단단 〉 헤헤헤 저는 여과 장치가 나름 튼튼해요. 제 이름처럼 단단하게 살 자신이 있어요.

😎 해마루 〉 그래, 좋구나. 자신만만한 태도가 아주 좋아. 모든 면에서 그랬으면 정녕 좋으련만…

좋아! 단단이가 '문학'의 정의를 얼추 내려 볼까? '문학은 ~다'라고 한번 표현해 볼까. 정의를 내린다는 건 그것을 나름 정리한다는 뜻이기도 하거든. 문학에 대한 단단이의 총기 넘치는 그 느낌을 한번 확인해 보고 싶거든.

단단, '문학이란~무엇이다.'

제한 시간은 1분이야. 지금 바로 발표해볼까?

😊 단단 〉 "문학을 읽는 것은 우리가 걸어가다가 꽃을 보는 것과 같다."

😎 해마루 〉 와우 멋진데. 정말 문학적인 표현이야.

영영 〉호호호 선생님, 좋은데요. 저도 한번 해 볼래요.

해마루 〉그래, 그러렴.

영영 〉"문학은 국어의 보살핌 속에서 피어나는 꽃이다."

해마루 〉대단해. 둘 다 아주 좋구나. 답례로 나도 하나 지어야겠지.

　　"문학은 독자와 작가가 함께 만들어가는 끝없는 우주이다."

⑤ 시의 표현법

> 표현법 : 주제나 정서를 효과적으로 전달하기 위해 다양하게 표현
> 하는 방법

| 보기 |　1. 엄마 품처럼 아늑한 호수 풍경
　　　　2. 내 마음은 낙엽
　　　　3. 바다보다 깊은 은혜

실 력 다 짐

시의 표현법은 그대로가 소설이나 수필 등 모든 글의 표현법이기도
해요. 그리고 표현법은 '수사법'이라는 더 멋진 이름도 갖고 있지요.
(수사법의 종류는 크게 3가지)

　　　표현법(= 수사법)　ー－－　비유법, 강조법, 변화법

1. 비유법

　1) 직유법 : 연결어를 써서 직접 비유함

　　　　(연결어 = ~처럼, ~같이, ~인 양, ~듯이)

　　　　| 보기 | **쟁반같이 둥근달**

　2) 은유법 : 연결어를 숨기고 비유함

　　　　| 보기 | **내 마음은 낙엽**

3) 의인법 : 사람이 아닌 것을 사람처럼 표현함

| 보기 | 장미꽃이 미소를 보낸다.

4) 활유법 : 생명이 없는 것을 생명이 있는 것처럼 표현함

| 보기 | 자전거도 피곤했던지 마당에 픽 쓰러진다.

5) 풍유법 : 비유하는 말만으로 숨은 뜻을 암시함

(속담이나 격언에 많음 = 우의법)

| 보기 | 지렁이도 밟으면 꿈틀한다.

6) 대유법 : 특정 사물로 대표하거나 대신하여 표현함

대유법은 제유법과 환유법이 있음(꼭 필요하면 구별할 것)

• 제유법 : 부분으로 전체를 표현함

| 보기 | 사람은 빵만으로 살 수 없다.(빵=식량, 먹는 것)

• 환유법 : 속성을 환기하여 표현함

| 보기 | 펜은 칼보다 강하다. (펜=문필, 칼=무력)

7) 의성법, 의태법 : 소리를 본뜸(의성법), 모양을 본뜸(의태법)

| 보기 | 시냇물이 졸졸졸 흐르네. / 함박눈이 펑펑 내리고

해마루 톡톡

비유의 매력
　　　－ 원관념과 보조관념

1. 비유는 원관념(원래의 것) 'A'를 보조관념(비유 사물) 'B'로 표현하는 기술입
니다. 즉 비유는 "A는 B다"로 표현해요. A와 B는 비슷한 속성을 지니므

로 이 둘을 '비유 관계'라고 말합니다. 이때 보조관념 B는 반드시 자연물이거나 구체적 사물이어야 해요. 그래야 표현 자체가 구체성을 얻게 되고 생동감과 운동성 그리고 율동감을 얻게 되지요.

> |보기| 내 마음은 낙엽
>   A(원관념)   B(보조관념)

2.대상을 비유로 맘껏 표현할 수 있을 때 비로소 문학(시)에 눈을 떴다고 할 수 있어요.

비유는 평범을 비범으로, 일상을 예술로 승화시키는 표현 기술입니다.

비유는 아름다움이며 놀라움이며 생명이며 감동이에요.(종교 경전 = 비유의 집)

3.비유는 보통의 진술보다 더 정확하고 더 풍부하고 더 아름답고 더 간결한 표현입니다.

가령 '내 마음은 낙엽'이라는 비유는 마음의 현 상태를 '낙엽'이라는 구체물로 아주 잘 나타내고 있습니다. 메마르고 건조하고 위험하고 지루하고 외롭고~이런 복잡한 지금의 심경을 보조관념 '낙엽'을 통해 아주 정확하고 아름답고 구체적이고 풍부하게 잘 표현하고 있지요.

기 본 연 습 ··

아래 표현이 비유법에 해당하면 ○, 아니면 ×표를 하세요.

1. 가을 하늘은 푸른 호수다.   (   )

2. 짐승 같은 달의 숨소리   (   )

3. 바다가 불러주는 자장가   (   )

4. 불처럼 뜨거웠던 나의 첫사랑   (   )

5. 해바라기가 빗속에서 기도한다.   (   )

6. 원숭이도 나무에서 떨어질 때가 있다는데　　　　（　　）

7. 누나가 드디어 백의의 천사가 되었다.　　　　　（　　）

8. 내 마음은 촛불이요　　　　　　　　　　　　　（　　）

9. 구름에 달 가듯이 가는 나그네　　　　　　　　（　　）

10. 홍시보다 더 붉어진 내 얼굴　　　　　　　　（　　）

11. 빗방울이 투두둑 투두둑 떨어진다.　　　　　（　　）

12. 가로등도 졸고 있는 저녁 무렵　　　　　　　（　　）

13. 슬픔이 금붕어처럼 가슴 속을 노닌다.　　　　（　　）

14. 시험은 한번 왔다 사라지는 태풍　　　　　　（　　）

15. 싱싱한 풀잎이 햇빛에 반짝이네.　　　　　　（　　）

16. 활짝 웃는 장미꽃이 아름다워라　　　　　　（　　）

17. 토끼풀로 손목시계를 만들어볼까　　　　　　（　　）

18. 부릉부릉 봄날에 살다.　　　　　　　　　　（　　）

19. 빨간 물감을 푼 것인 양 하늘이 차츰 붉어져 간다.　　（　　）

20. 산아 산아 푸른 산아　　　　　　　　　　　（　　）

실 력 다 짐 ....

가. 아래 비유 표현에서 원관념을 찾아 ○표 하세요.

1. 햇빛은 하늘의 환한 미소이다.

2. 내 마음은 낙엽

3. 소나기는 사람들을 달리게 하는 만능 운동 기계다.

4. 시는 물이다. 자유롭다.

5. 밤은 푸른 안개에 싸인 호수

나. 다음 문장에 쓰인 표현법은 무엇인가요?
   – 비유법 또는 수사법 이름을 적으세요.

1. 보석같이 빛나는 달빛   (   )

2. 해바라기는 날마다 태양을 그리워한다.   (   )

3. 여행은 추억을 새기는 메모장   (   )

4. 백짓장도 맞들면 낫다.   (   )

5. 교실은 같은 것으로 닮아가는 양계장 한 구석이다.   (   )

다. 다음 문장의 □에 들어갈 수사법 용어는?

1. 연결어를 써서 직접 비유하는 것을 □□□(이)라고 한다.

2. □□□은(는) 'A는 B이다'처럼 연결어 없이 바로 비유한다.

3. 우의법은 □□□을(를) 달리 일컫는 말이다.

4. □□□은(는) 사람이 아닌 것을 사람처럼 표현하는 수법이다.

5. 빈 수레가 더 요란하다.

   → 이 속담에서 □□□□은(는) '빈 수레'이다.

2. 강조법

1) 과장법 : 실제보다 엄청 과장해서 표현

　|보기| 배가 남산만큼 불렀다.

2) 반복법 : 낱말이나 구절을 되풀이 반복함

　|보기| 해야 솟아라 해야 솟아라

3) 비교법 : 성질이 비슷한 것을 비교함(비교격 조사-보다)

　|보기| 양귀비꽃보다 더 붉은 그 마음

4) 점층법 : 점점 정도를 높여감

　|보기| 가정을 위해, 국가를 위해, 지구를 위해

5) 영탄법 : 감탄하는 말로 감정을 드러냄

　|보기| 아아, 벌써 가을이로구나.

6) 미화법 : 실제보다 아름답게 나타냄

　|보기| 양상군자 – 도둑

7) 열거법 : 비슷한 것을 나열함

　|보기| 사과, 밤, 대추, 감 등

3. 변화법

1) 설의법 : 의문문으로 표현하여 변화를 줌

　|보기| 나이가 어리다고 인생을 모를까요?

2) 도치법 : 문장의 순서를 바꾸어 변화를 줌

　|보기| 슬프다, 나라가 두 조각났으니(→ 서술어+주어)

3) 대구법 : 비슷한 문장 구조로 짝을 이루어 표현함

| 보기 | 눈이 오면 눈이 좋고, 비가 오면 비가 좋다.

대구법은 형식상 가락 울림에 맞추어 하는 표현이고

대조법은 내용상 반대의 짝을 분명히 이루는 표현임

| 보기 | 인생은 짧고 예술은 길다 – 대조법

아들은 아들이라서 좋고 딸은 딸이라서 좋다.– 대구법

4) 역설법 : 모순된 것으로 표현함(=모순 형용/패러독스)

| 보기 | 빛나는 어둠

5) 생략법 : 생략을 통해 여운을 남김

| 보기 | 분분한 낙화...

6) 반어법 : 실제와는 반대로 표현함

| 보기 | 우리 아들, 참 잘했어요.(성적 때문에 혼낼 때)

7) 돈호법 : 이름 등을 불러서 변화를 줌

| 보기 | 푸른 산아, 잘 있었느냐?

해마루 톡톡

〈상징〉
– '상징'은 생각이나 개념을 구체적인 사물로 암시하는 표현법.
– '상징'은 원관념 없이 보조관념만으로 사용하는 게 특징이죠.
　① 관습적 상징(제도적 상징) : 사회적으로 만들어진 상징이에요.
　　| 보기 | 비둘기 – 평화를 상징　　십자가 – 희생, 기독교를 상징
　② 문학적 상징(창조적 상징, 개인적 상징) : 개인이 문학적으로 창조하는
　　상징이에요.
　　| 보기 | 동화 '강아지 똥'– 모두가 쓸모 있음을 작가가
　　　　　 '강아지 똥'을 상징으로 내세움

아래 문장의 표현에서 비유법이 있으면 '비'를 쓰세요.

1. 배가 남산만큼 불러왔다. ( )

2. 상쾌한 하루가 또 시작되었다. ( )

3. 산에는 꽃 피네 꽃이 피네 ( )

4. 이것은 소리 없는 아우성 ( )

5. 파도가 춤추며 노래를 한다. ( )

6. 아침 안개가 도둑고양이처럼 몰려왔다. ( )

7. 꽃보다 더 예쁜 내 친구 서영이 ( )

8. 연못 위로 보슬비가 보슬보슬 ( )

9. 함박눈의 따스함이 손끝을 스친다. ( )

10. 나는 저녁노을의 붉음이 참 좋다. ( )

실 력 다 짐 .... ◎

가. 다음 표현의 수사법 이름을 적으세요.

1. 바다가 들려주는 자장가 ( )

2. 으르렁거리는 달빛의 숨소리가 거칠다. ( )

3. 내 마음은 부풀어 오른 풍선 ( )

4. 소녀의 그 미소는 무슨 뜻일까?　　　　　　　　(　)

5. 검은 태양이 눈부시다.　　　　　　　　　　　(　)

6. 간이 좁쌀만큼 오그라든다.　　　　　　　　　(　)

7. 오오, 꽃다운 청춘이여!　　　　　　　　　　(　)

8. 눈물이 바다를 이루는 그곳　　　　　　　　　(　)

9. 온갖 생각이 구름처럼 떠올랐다.　　　　　　(　)

10. 지는 것이 이기는 것이다.　　　　　　　　　(　)

나. 다음 표현법의 설명에서 □에 들어갈 말은?

1. □□□□은(는) 같거나 비슷한 문장 등을 되풀이하는 방법이다.

2. 말하고자 하는 의도나 감정을 정반대로 표현하는 방법을
　 □□□(이)라고 한다.

3. '무엇은 무엇이다'의 형태로 비유하는 것은 □□□이다.

4. 문장의 배열 순서를 바꾸어 변화를 주는 표현을 □□□(이)
　 라고 한다.

5. 당연한 사실을 의문문의 형식으로 표현하여 답변을 유도하는
　 방법을 □□□(이)라고 한다.

6. □□□은(는) 비슷한 문장 구조를 나란히 배열하여 표현의
　 아름다움을 만든다.

7. □□□은(는) 문장의 뜻을 점점 강하게, 크게, 정도가
　 높아지게 표현하는 것이다.

8. ☐☐은(는) '섬'은 '외로움'을, '비둘기'는 '평화'를 ☐☐하듯 구체적인 사물로 뜻을 대신 나타내는 표현법이다.

9. ☐☐☐은(는) 연결어 '~처럼, ~같이, ~듯이'등을 이용해 원관념을 보조관념에 직접 빗댄다.

10. '검은 태양'과 같이 이치에 맞지 않는 표현법을 ☐☐☐(이)라고 한다.

6 시적 허용

 바탕 다지기

시적 허용 : 시의 표현 효과를 위해 틀린 것, 이상한 것도 쓰기를
　　　　　　허용함

| 보기 | 오매, 단풍 들겄네

　　　　모든 순간이 다아 꽃봉오리인 것을

 실력 돋보기

시적 허용 : 시인이 자신의 감정과 의도를 잘 드러내기 위한,
　　　　　　적극적인 표현의 자유

〈시적 허용〉의 보기

1) 단어를 길게 늘이거나 축약함

　　| 보기 | <u>머언</u> 먼 젊음의 뒤안길에서

　　　　　모든 순간이 <u>다아</u> 꽃봉오리인 것을

2) 비표준어나 사투리를 씀

　　| 보기 | <u>오매, 단풍 들겄네</u>

　　　　　<u>울 어매</u>의 장사 끝에 남은

3) 새로운 낱말을 만듦

| 보기 | 빛그늘이 유난한 숲길에서

4) 옛말이나 사어를 사용함

| 보기 | 수숫단에 빗물이 <u>나립니다</u>. (내립니다)

송이눈이 펑펑 쏟아지고 (함박눈)

5) 문법에 어긋난 표현을 사용

| 보기 | 다시 <u>고통하는</u> 하루를 사는

반어법과 역설법

→ 반어법은 실제 상황과 표현을 정반대로 하는 것이고

| 보기 | "그래 당신 잘났어."– 부부 싸움에서

→ 역설법은 표현 자체가 말이 안 되는 모순을 갖고 있어요.

| 보기 | 검은 태양이 눈부시다

기 본 연 습

아래 표현에서 시적 허용이 있으면 ○표, 아니면 ×표 하세요.

1. 금붕어라는 별명이 참 잘 어울린다.　　　　　　　　　(　)

2. 깨끗한 물속에 파아란 잉크를 푼 것처럼　　　　　　(　)

3. 낙엽은 가을 남자를 더욱 쓸쓸하게 만든다.　　　　　(　)

4. 노오란 우산처럼 펼친 꽃잎은　　　　　　　　　　　(　)

5. 그녀는 진심으로 가족을 사랑하고 있구나.　　　　（　　）

6. 마치 립스틱처럼 빠알갛게 핀 꽃　　　　（　　）

7. 나는 넓은 시냇물을 가지고 노는 피라미를 사랑하고 존경한다.（　　）

8. 차카게 살자고 귀뚜라미가 귀띔을 하네.　　　　（　　）

9. 달팽이가 느릿느릿 풀잎을 지나가고 있어요.　　　　（　　）

10. (화가 잔뜩 나서) 우리 창수는 참 빨리도 오네.　　　　（　　）

실 력 다 짐

가. 다음 설명이 맞으면 ○표, 아니면 ×표 하세요.

1. 시적 허용은 '시적 자유'라고도 한다.　　　　（　　）

2. 글자 수나 운율을 맞추기 위해서 '시적 허용'을 사용할 수 있다.　（　　）

3. 시에서 사투리를 사용하는 것도 일종의 시적 허용이다.　（　　）

4. 시적 허용은 시인이 새로운 낱말을 창조해서
　표현하는 것도 해당한다.　　　　（　　）

5. 시적 허용은 무제한으로 시인이 자유롭게 쓸 수 있다.　（　　）

나. 다음 표현에 쓰인 시적 허용을 찾아 ○표하세요.

1. 샘터에 속삭이는 햇발처럼

2. 소나기가 그치면 무지개가 찾아온다.

3. 정신적인 행복에 눈을 떠라.

4. 하늘이 여릿여릿 머얼리서 온다.

5. 달은 과일보다 향그럽다.

다. 밑줄 친 곳이 시적 허용이면 1을, 아니면 2를 쓰세요.

1. 만남은 이별이고 <u>사랑은 눈물이다.</u>   (   )

2. 행복 찾아 <u>꿈속으로 가즈아.</u>   (   )

3. 새싹들은 정겨운 눈으로 <u>머언 산을 바라보네.</u>   (   )

4. 햇빛은 <u>나무의 미소를 비추고</u>   (   )

5. <u>풀잎도 상처가 있다.</u>   (   )

7 시조

 바탕 다지기

시조 : 우리나라 고유의 정형시

1. 시조 = '시절가조'의 준말('시절의 노래'라는 뜻)
2. 발생 : 고려 중엽에 발생, 고려 말엽에 시조 형식이 완성

 실력 돋보기

시조 : 우리나라 고유의 정형시로서 3장6구이며 45자 안팎으로 지어짐

1. 형식 : 3장6구, 45자 안팎

   태산이 높다 하되 / 하늘 아래 뫼이로다 ── 초장(2구)

   오르고 또 오르면 / 못 오를 리 없건마는 ── 중장(2구)

   사람이 제 아니 오르고 / 뫼만 높다 하더라 ── 종장(2구)

   3자 고정(종장 첫마디)

2. 운율 : 3.4조 또는 4.4조 → 4음보

3. 시조의 종류

　1) 시대에 따라

　　① 고시조 : 개화기(갑오개혁) 이전까지의 시조

　　② 현대 시조 : 개화기(갑오개혁) 이후부터 지금까지의 시조

　2) 길이에 따라

　　① 단시조 : 초장, 중장, 종장의 1수로만 된 시조

　　② 연시조 : 2수 이상의 시조를 함께 엮은 시조

　3) 형식에 따라

　　① 평시조 : 시조의 기본 정형을 잘 지킨 시조

　　　(조선 전기에 성행, 주로 양반층이 작가)

　　② 엇시조 : 평시조에서 초장이나 중장의 어느 한 구가 길게

　　　늘어난 시조

　　③ 사설시조 : 사설조로 길게 쓴 시조-주로 중장이 제한 없이

　　길어짐 (조선 중기 이후 성행, 지은이는 대체로 평민층이며 작가 미상이 많음)

4. 현대 시조의 특징

　1) 제목이 있음(고시조는 대부분 제목이 없음)

　2) 지은이가 분명함

　3) 다양한 생활 모습과 정서를 다룸(주제가 다양함)

　4) 단시조보다 연시조 작품이 더 많음

　5) 시행의 배열 방법이 다양함(3줄 쓰기, 5줄 쓰기, 7줄 쓰기…)

해마루 톡톡

세계 여러 나라의 정형시
 - 정형시는 민족 고유의 정서와 사고를 담는 틀
 - 정형시는 그 민족의 고유문화이며 자랑거리입니다.
 ① 한국 : 시조
 ② 중국 : 한시 (절구, 율시)
 ③ 일본 : 와카, 하이쿠
 ④ 서양 : 소네트

기본연습

아래 시조 설명이 맞으면 ○, 아니면 ×표를 하세요.

1. 시조는 조선 시대에 처음 발생했다.　　　　　　　(　)

2. 시조는 우리나라 고유의 정형시다.　　　　　　　(　)

3. 시조의 운율은 3.4조 또는 4.4조의 4음보의 운율이다.　(　)

4. 고시조와 현대 시조의 구별은 갑오개혁이 기준이다.　(　)

5. 시조는 3장 6구의 형식이 기본이다.　　　　　　　(　)

6. 시조는 운문과 산문의 중간 형태를 취하고 있다.　(　)

7. 시조 중장이 사설조로 한없이 길어진 것을
　사설시조라고 한다.　　　　　　　　　　　　　(　)

8. 현대 시조는 대부분 제목을 달고 있다.　　　　　(　)

9. 시조 종장의 첫 구는 반드시 3글자를 지킨다.　　　(　)

10. 시조는 우리나라의 대표적인 산문 양식이다.　　(　)

가. 다음 설명에서 □에 들어갈 말은?

1. 사설시조는 주로 □□이 사설조로 길게 늘어진 시조다.

2. 고시조와 현대 시조는 □□□□을(를) 기준점으로
   갈라진다.

3. 현대 시조는 단시조 작품보다는 □□□작품을 더 많이
   창작한다.

4. 조선 시대 평시조의 작가는 주로 □□계층이었다.

5. 시조는 □□중엽에 발생하여 지금까지 이어져 오고 있다.

나. 다음 설명이 시조에 해당하면 ○, 아니면 ×표를 하세요.

1. 초장, 중장, 종장으로 구성된다. ( )

2. 지금도 창작되고 있다. ( )

3. 우리나라 고유의 문학 양식이다. ( )

4. 길이에 따라 단시조와 연시조로 나눈다. ( )

5. 사설시조는 오늘날 맥이 끊어졌다. ( )

다. 다음 문장에서 □에 들어갈 숫자를 쓰세요.

1. 시조의 기본 형식은 □□자 안팎으로 지어진다.

2. 시조 종장의 첫 구절은 □음절로 고정된다.

3. 시조는 □음보의 운율을 가진다.

4. 시조는 3.4조 또는 □, □조의 음수율을 가지고 있다.

5. 시조는 □장□구의 형식을 기본으로 한 정형시이다.

2 공감의 즐거움을 나누다

– 소설(이야기)

마중물 1

해마루 〉 하하하 여기서는 이것만 알면 된단다. 세상에서 가장 중요한 것은 현실이야. 현실이 가장 소중해. 진리보다도 지식보다도 현실이 더 중요하고말고. 현실이 가장 중요하니까 지금 살아 있는 이 순간이 가장 소중한 시간이고, 우리가 지금 있는 이 공간이 가장 중요한 장소인 거야. 이런 걸 한껏 멋스럽게 표현하면 이게 철학이 되는 거지.

이런 게 무슨 철학이냐고? 아무도 알아주지 않는 자기만의 철학. 사람들은 이걸 '개똥철학'이라고 하더군. 개똥처럼 하찮고 흔한 생각 덩어리를 멋있는 것처럼 남한테 폼 재고 자랑하지 말라는 거겠지. 그러나 이 개똥철학이야말로 자기 자신을 우주에서 단 하나뿐인 가장 중요한 인물로 만들어주는 거거든. 사람들은 누구나 자신만의 생각이나 감정이나 느낌을 가지고 세상을 살아가니까 말이야.

단단 〉 그러면 나한테도 지금 '개똥철학'이 있는 거네요.

해마루 〉 그렇고말고. 누구나 다 있지. 개똥철학은 누구나 다 있어.

자 공부가 조금 빗나가지만 이 개똥철학을 우리가 여기서 제대로 한번 파헤쳐보자꾸나. 사람이면 누구나 갖고 있는 개똥철학에 좀 더 멋진 이름을 붙여 줘야겠어. 그래야 사람들이 자신의 삶에 자부심을 가질 게 아니겠어. 세상을 살더라도 주인 정신을 갖고서 한결 더 열심히 살지 않겠니?

　시간을 내어서 우리가 '개똥철학'에 멋진 이름을 한번 지어보면 어떨까? 지금 문학 공부 시간이고 하니까, 짜장 안성맞춤이네. 어때? 너희들 생각은 어떠니?

👧👧 **단단, 영영** 〉 (크게) 예, 좋아요. 한번 해 봐요.

👨 **해마루** 〉 제한 시간은 5분을 줄게. '개똥철학'을 우리가 멋진 이름으로 바꾸어볼까? 자 시작!

👧👧 **단단, 영영** 〉 ('자신의 모든 것이 개똥이 될 수는 없다'는 표정과 몸짓으로 이름 짓기에 골몰한다.)

👨 **해마루** 〉 하하하 어때? 자신의 개똥철학이 머릿속에서 반짝거리더냐? 개똥철학을 대신할 멋진 이름을 다들 생각해 보았겠지? 자, 누가 먼저 발표해볼까?

👦 **단단** 〉 넵, 제가 할게요. 저는 '숨 철학'이라고 할래요. 살면서 숨 쉬

는 게 제일 중요하잖아요.

　사람은 누구나 제 숨을 제가 쉬면서 살아가니까요. 사람마다 많은 것이 독특하고 개성이 있잖아요. 숨 쉬는 때와 곳도 다들 다르고 말이에요. 사람은 지구 위의 특정한 하나의 점과 같이 고유하게 살아가요. 그리고 또 보면 사람들은 당장의 처지가 어쨌거나 숨은 반드시 쉴 거잖아요? '숨 철학'이라는 이름에는 나 자신이 가장 소중하고 현실과 현재가 가장 중요하다는 뜻을 오롯이 담았어요. 그래서 저는 개똥철학을 멋있게 '숨 철학'이라고 하면 어떨까 해요.

해마루 〉 하하하 '숨 철학'이라, 정말 멋진 걸!

　'개똥철학'이라는 이름이 삼류 인생을 상징한다면, '숨 철학'이란 이름은 일류 인생을 상징하는 듯하구나. 하하하 '숨 철학' – 좋아, 아주 좋아.

영영 〉 선생님, 저는 '짓 철학'이라고 해봤어요. 행동이나 태도를 우리말로 '짓'이라고 하잖아요. 사람들은 저마다 독특한 삶의 태도와 행동 방식을 가지고 있어요. 아이들도 학교에서 지내는 걸 보면 짓이 비슷하면서도 조금씩 차이가 나요. 비슷하면서도 다르고 다르면서도 비슷해요. 그리고 사람은 그의 행동이나 태도를 통해 자기의 생각이나 감정이나 느낌을 밖으로 드러내기 때문에 그렇다면 '짓'이 삶에서 가장 중요한 게 아니겠어요?

그리고 이 '짓 철학'은 발음을 하면 [지처락]이 되어, 사투리로 '지꺼'라는 뜻을 속에 품고 있어요. 그러니까 '짓 철학'은 '지꺼 철학' '자기 철학' '제것 철학' '자기 식 철학' – 이런 속뜻이 숨어 있는 거죠. 그래서 저는 '개똥철학'을 멋있게 '짓 철학'이라고 지어 보았어요.

해마루 〉 하하하 정말 좋은데. '숨 철학'과 '짓 철학'. 둘 다 멋진 이름인 걸. 여기서 콕집어 하나를 선택하기가 어렵겠네. 우리가 두 개 모두를 사용하면 안 될까? 생명과 현실을 중요하게 여길 때는 '숨 철학'이라 하고, 행동과 실천을 중요하게 여길 때는 '짓 철학'이라고 하면 어떨까 하는데 말이야. 너희들의 생각은 어떠니?

영영 〉 선생님, 제가 '짓 철학'을 포기할 게요. 단단이 제안한 '숨 철학'이 저도 좋아요. '숨 철학'은 뜻도 깊고 어감도 좋고 발음도 매끄러워요. 생명 존중과 현실의 중요성을 아주 잘 담아냈다고 생각하거든요. 저도 제가 지은 '짓 철학'이 아깝지만 '숨 철학'이라는 더 좋은 게 있으니 할 수 없어요. 제가 '짓 철학'을 포기하겠어요.

해마루 〉 하하하 영영의 뜻이 그러하다면 그렇게 하겠지만 그래도 가슴이 아프고 아까운 마음이 드는 건 웬일일까? 우리가 '숨 철학'과 '짓 철학'을 필요한 대로 함께 쓰기로 하면 어떨까? 단단아, 네 생각은 어떠니?

🙂 **단단** 〉 예, 좋아요. 저도 영영이 지은 '짓 철학'이라는 이름이 참 좋아요. 꼭 쓰고 싶어요. 못 쓴다면 너무 아까워요. 사람은 누구나 독특한 자기만의 '짓 철학'이 있지 않겠어요? 제가 지은 '숨 철학'은 이름이 두루뭉술하고 조금 평범해요. 그런데 영영이 지은 '짓 철학'은 사람마다 고유하고 독특한 삶의 무늬와 결을 잘 드러내고 있어요. '짓'에서는 날카로운 바람 소리마저 들려요. 언제라도 정의의 편에 서는 실천 중심 '짓 철학' – 저는 이게 정말 좋은데요.

🙂 **해마루** 〉 하하하 그래, 그러면 '숨 철학'과 '짓 철학'을 다 같이 쓰자꾸나. 이의 없겠지?

🙂🙂 **단단, 영영** 〉 (크게) 네. 같이 써요. 이의 없습니다.

🙂 **해마루** 〉 알았다. 이제부터 우리는 '개똥철학'이라는 말을 쓰지 말자. 대신에 우리가 붙인 멋진 이름인 '숨 철학'을 쓰고 '짓 철학'을 쓰도록 하자.

어때? 이름을 잘 짓고 보니 우리의 평소 생각이나 행동이 자랑스럽고 편안하고 자연스럽지 않아졌니?

'개똥철학'이라 말할 때는 우리가 '개똥'처럼 천하고 하찮은 사람 같았는데 말이야. '숨 철학'이라고 말하니 뭔가 근사하고 멋지지 않니? 한번 따라해 볼까? "숨 철학, 숨 철학, 나의 숨 철학!"

단단, 영영 > "숨 철학, 숨 철학, 나의 숨 철학"

해마루 > 다시 따라해 볼까? "짓 철학, 짓 철학, 나의 짓 철학!"

단단, 영영 > "짓 철학, 짓 철학! 나의 짓 철학!"

해마루 > 개똥철학은 저 멀리 내 던지고 앞으로는 '숨 철학' '짓 철학'을 사용하자꾸나.
알겠니?

단단, 영영 > (크게) 넵, 알겠습니다.

해마루 > 사실 우리가 그간 사용해 온 '개똥철학'이라는 용어에는 서양 철학에 주눅 든 우리의 초라한 모습이 담겨 있었어. 서양 철학은 세련되고 고급스러운데 말이지, 우리나라 것은 못나고 보잘것없다는 뜻이 '개똥철학'이라는 말 속에 숨어 있었던 거야.

한 마디로 이것에는 우리 몸뚱이와 우리 생각과 우리 문화를 업신여기는 시각이 들어가 있는 거지. 살면서 우리가 지식이나 권위에 이유 없이 굴복해서는 안 돼. 우리가 우리 땅에 살면서 우리 것에 대한 자긍심을 가져야 해. 나다움과 우리다움에 대한 관심과 애정을 듬뿍 가져야 마땅한 거야.

세상을 행복하게 살아가려면 무엇보다도 나를 먼저 사랑해야 해. 나를 진심으로 사랑해야 남도 진정 사랑할 수가 있거든. 나를 사랑하고 우리를 사랑하고 내 것을 사랑하고 우리 것을 사랑하려면 '개똥철학'이라는 용어부터 고쳐야 해. 우리의 일상생활이 '개똥철학'이라는 부정의 틀에 갇혀 있어서는 안 되는 거거든. 일상은 아름답고 위대한 거야. 매일이 반복되는 만큼 그 값어치가 이루 말할 수 없어. 보석 같아. 굉장한 거지. 평범한 일상이야말로 역사보다 더 훌륭하고 진리보다 더 위대해. 일상이 우리를 매일처럼 살게 해 주니까 말이야. 그렇다마다, 평범의 위대성이 바로 여기에 있지.

누가 뭐래도 자기 생각이나 행동에 자부심을 가져야 해. 그래야 세상을 슬기롭고 용감하게 살아갈 수가 있지. 신문이나 방송에도 함부로 휘둘리면 안 돼. 신문이나 방송에 나왔다고 해서 그것을 무조건 믿어서는 안 돼. 그쪽도 잘못이 있을 수 있겠지. 용어 하나가 이렇게 중요한 거야. '숨 철학', '짓 철학' – 얼마나 좋아? 우리가 사는 걸 몽땅 싸잡아서 냄새 나는 '개똥철학'이라고 깔보며 지내 왔으니 참 슬펐지 않니? 얘들아, 어떠니? 그래, 안 그래?

👦👧 **단단, 영영 〉** (크게) 네, 그렇습니다. 이제부터 우리가 자기 철학을 사랑하고 단단히 만들어가요.

😀 **해마루 〉** 하하하 좋아. 다시 문학 쪽으로 눈을 돌려볼까? 곁길로 너

무 멀리 나갔다가 돌아온 느낌이네. 그러나 얘들아, 우리 공부는 시간에 맞추어 국어만 공부하는 게 아니라 인생 전체를 공부하는 시간이야. 사람 되라는 공부지. 얘들아, 이거 인정하니?

단단, 영영 〉 (크게) 넵, 인정합니다.

해마루 〉 인생에 정답이 없는 것처럼 국어 공부에도 정답이 없어. 문학 공부에는 더더욱 정답이 없지. 그러니만큼 좋은 국어 공부는 곧 좋은 인생 공부이기도 한 거야. 단단아 영영아, 이것도 인정하겠니?

단단, 영영 〉 넵, 완전 인정해요.

1 옛이야기(설화)

바탕 다지기

옛이야기: 옛날부터 입에서 입으로 전해지는 이야기

| 보기 | 혹부리 영감, 콩쥐팥쥐, 단군신화……

실력 돋보기

**옛이야기(설화) : 옛날부터 전해오는 이야기로서
신화, 전설, 민담이 있어요.**

1) 설화의 종류

　　① 신화 : 나라 건국 또는 신이나 영웅의 이야기 (단군신화 등)

　　② 전설 : 특정 장소와 사물의 이야기 (망부석 등)

　　③ 민담 : 흥미나 교훈 위주의 옛이야기 (콩쥐 팥쥐 등)

2) 설화의 특징

　　① 구전성 – 입에서 입으로 전해진 구전문학임

　　② 집단성 – 여러 사람이 짓고 보태고 꾸며서 특정한 작가가 없음

　　③ 구연성 – 듣는 사람과 마주한 상태에서 이야기를 들려줌

④ 민중성 – 민중들의 삶과 생각이 담겨 있음

⑤ 서사성 – 일정한 구조를 가지고 이야기가 전개됨

해마루 톡톡

설화는 소설의 뿌리– 우리나라 소설은 설화에서 유래되었어요.
　① 문자가 생겨나면서 구전 설화를 기록하게 되어요. (설화 문학)
　② 설화를 바탕으로 만든 판소리가 문자로 기록되어요. (판소리계 소설)
　③ 한문소설, 한글소설이 창작되었어요. → 개화기 이후 '신소설' 등장
→　　　현대소설 등장

기본연습 ....

아래 설명이 맞으면 ○, 아니면 ✕표를 하세요.

1. 설화는 구비문학이다.　　　　　　　　　　　　　　　　(　)

2. 옛날이야기에는 권선징악의 특징이 보이지 않는다.　(　)

3. 설화에는 신화, 전설, 민담이 있다.　　　　　　　　　(　)

4. 민담은 최초로 지은 작가를 알 수 없다.　　　　　　　(　)

5. 단군 신화는 설화에 해당하지 않는다.　　　　　　　　(　)

6. 설화는 우연적이고 비현실적인 내용이 많다.　　　　　(　)

7. 특정 장소나 사물의 이야기를 '전설'이라 한다.　　　　(　)

8. 흥미나 교훈 위주의 옛이야기를 '민담'이라고 한다.　　(　)

9. 우리가 잘 아는 옛날이야기는 대부분이 '민담'이다.　　(　)

10. 설화는 오늘날로 치면 소설에 해당하는 산문문학이다.　(　)

가. 다음 설명의 □에 알맞은 말을 적으세요.

1. 신화, ☐☐, 민담을 모아 '설화'라고 한다.
2. 설화는 오늘날의 동화 또는 ☐☐에 해당하는 산문 문학이다.
3. 나라 건국이나 신에 관한 이야기를 ☐☐(이)라고 한다.
4. 우리나라의 건국 신화는 ☐☐☐☐이다.
5. 혹부리 영감 이야기는 전설이 아니라 ☐☐이다.

나. 아래 설명이 맞으면 ○, 아니면 ×표를 하세요.

1. 홍길동전은 신화에 해당한다. ( )
2. 동물이 주인공으로 나오는 이야기를 민담이라고 한다. ( )
3. 설화는 공동 창작이 대부분이다. ( )
4. 착함은 권하고 악함은 징벌한다는 용어가 '권모술수'이다. ( )
5. 설화의 특징 중 직접 마주보고 이야기를 들려주는 것을
   '구전성'이라고 한다. ( )

② 소설이란 무엇

 바탕 다지기

소설 : 작가가 만든 이야기

 실력 돋보기

소설 : 작가가 상상으로 지은 이야기

(소설의 가장 큰 특성 → 허구성)

1. '동화'는 어린이를 대상으로 지은 이야기에요.

2. 소설은 잘 짜인 허구의 이야기이며, 이야기가 되려면 '인물, 사건, 배경'이 있어야 해요.

3. 소설의 3요소

　　－ 주제, 구성, 문체

　　1) 주제 : 작품의 중심 생각

　　2) 구성 : 인과 관계에 따라 이야기를 만듦

　　3) 문체 : 작가의 개성이 드러나는 문장 표현 방식

4. 소설 구성의 3요소

　　－ 인물, 사건, 배경

　　1) 인물(누가) : 행동을 펼쳐나가는 행동의 주체

2) 사건(왜, 무엇을, 어떻게) : 시간, 장소, 행동

3) 배경(언제, 어디서) : 시대적, 사회적 환경

특히 '배경'은 소설의 이야기를 사실처럼 느끼도록 하는 중요한
역할을 해요.

5. 우리나라 최초의 소설

　－ 한문소설 : 김시습의 〈금오신화〉

　－ 한글소설 : 허균의 〈홍길동전〉

　　＊고전 소설 = 개화기(1894년, 갑오개혁) 이전의 모든 옛날 소설

기 본 연 습 ....

가. 다음 설명이 맞으면 ○, 아니면 ×표를 하세요.

1. 시는 운문 문학, 소설은 산문 문학이다. 　　　　　（　）

2. 동시와 동화는 운문 문학이다. 　　　　　　　　　（　）

3. 우리나라 최초의 한문소설은 '홍길동전'이다. 　　（　）

4. 우리나라에서 개화기(갑오개혁) 이전에는 소설이 없었다. （　）

5. 어린이를 주요 독자로 삼는 소설도 있다. 　　　　　（　）

6. 소설은 상상으로 꾸며진 이야기이다. 　　　　　　　（　）

7. 춘향전은 현대 소설이다. 　　　　　　　　　　　　（　）

8. 개화기 이전의 모든 옛날 소설을 '고전소설'이라고 한다. (   )

9. 소설에서 배경은 이야기를 실감나게 만들어준다. (   )

10. 조선 시대에는 산문 문학이 없었다. (   )

나. 밑줄 친 부분을 올바른 것으로 고쳐 표현하세요.

1. 소설은 잘 짜인 <u>운문</u>이며 문학 작품이다. (   )

2. 이야기에서 '누가'에 해당하는 것은 <u>배경</u>이다. (   )

3. 소설은 작가가 <u>실제 현실</u>로 만든 이야기이다. (   )

4. 소설에서 시간적, 사회적 환경을 <u>사건</u>이라고 한다. (   )

5. 소설 구성에 필요한 3요소는 '<u>인물, 주제, 제재</u>'이다. (   )

실력다짐 .... 🎯

가. 다음 설명에서 □에 들어갈 알맞은 말은?

1. 소설에서 등장인물이 겪거나 벌이는 일들을 □□ 이라고 한다.

2. 소설이 다른 문학과 구별되는 가장 큰 특징은 □□□ 이다.

3. 고전소설은 1894년 □□□□ 이전의 소설을 가리킨다.

4. 소설 구성의 3요소는 □□ , 사건, 배경이다.

5. □□□ 를 대상으로 지은 이야기 산문 문학을 동화라고 한다.

나. 다음 설명이 맞으면 ○, 아니면 ×표를 하세요.

1. 소설은 운율이 없는 줄글로 된 문학이다. ( )

2. 소설은 실제 현실을 있는 그대로 반영한다. ( )

3. 인물의 행동이나 심리 표현으로 소설은 주제를
   드러낼 수 있다. ( )

4. 소설에서 분위기를 만들고 이야기에 사실성을 부여하는
   요소는 '사건'이다. ( )

5. 고전소설은 대체로 슬픈 결말로 끝난다. ( )

6. 소설은 삶의 진실을 추구하고 바람직한 인간상을 찾는다. ( )

7. 소설은 허구의 이야기지만 현실 세계를 반영한다. ( )

8. 동화는 어린이를 위한 소설이라고 할 수 있다. ( )

9. 현대 소설은 사건 전개가 필연적이고 현실적이다. ( )

10. 고전소설은 서술자의 시각이 전지적 시점으로 거의
    고정되어 있다. ( )

마중물 2

해마루 〉 하하하 좋아. 오늘 공부는 이쯤에서 끝내겠다. 마지막으로 혹시 질문 있나?

단단 〉 넵, 질문은 아니고요. 선생님, 배우는 게 많아지니 배운 것들이 자꾸 뒤섞이고 헷갈려서 복잡해져요. 갈수록 어려워져요. 어떡하죠? 제가 갑자기 '설화와 소설'이 헷갈리는데요. 선생님, 제발 어떻게 좀 도와주세요. 큰일 났어요. 이제 마구잡이로 혼돈이 와요. 공부를 너무 많이 해서 그런 게 아닐까요? 이제 공부는 잠시 쉬고 시답잖게 마구 놀면 안 될까요?

해마루 〉 그래, 잠깐 그렇기도 할 거야. 둘은 사실 약간 비슷하거든. 공부할 게 많아지면 공부한 것끼리 섞여서 뒤죽박죽이 돼. 이걸 잘 넘어서야 공부를 잘 할 수 있어. 고비를 잘 넘겨야 해. 공부에서 가장 중요한 것은 나야. 나 자신이야. 나의 눈으로 보고 나의 머리로 생각하고 나의 가슴으로 느끼고 나의 손으로 정리를 해야 진정한 공부가 되는 거지. 모든 공부는 이렇게 해야 해요. 국어, 영어, 수학 – 모든 공부가 다 그래. 사실은 운동도 공부인데, 운동하는 것도 마찬가지야. 위의 공부 원칙이 지켜져야 옳아.

운동에서 가장 중요한 것은 나야. 나 자신이야. 나의 눈으로 보고 나의 머리로 생각하고 나의 가슴으로 느끼고 나의 손으로 정리를 해야 진정한 운동이 되는 거야.

　　내 몸의 주인은 나야. 내 머리의 주인도 나야. 그러니까 살면서 내가 제일 중요한 거지. 운동이나 공부나 간에 나를 강하게 하고 나를 아름답게 하고 나를 건강하게 하고 나를 여유롭게 하는 데 도움을 주어야 해. 그럴 때 그게 진정한 공부고 진정한 운동이고 그런 거거든.

③ 소설의 시점, 화자

바탕 다지기

화자 : 작품 속에서 이야기를 전달하는 사람

시점 : 작품 속에서 대상을 보는 눈, 보는 시각

실력 돋보기

1. 화자 : 작가가 이야기를 효과적으로 전달하려고 내세운 인물

2. 시점 : 사건이나 이야기를 보는 시각이나 관점

       (1인칭 시점과 3인칭 시점이 있음)

   → 누구의 눈으로 보느냐에 따라 같은 사건이나 인물도
   서로 다른 의미로 해석되어요.

3. 1인칭 시점

   ① 1인칭 주인공 시점 : 1인칭 '나'가 주인공으로 활동함

   ② 1인칭 관찰자 시점 : 1인칭 '나'가 관찰자 역할을 함

   3인칭 시점

   ① 3인칭(작가) 관찰자 시점 : 화자(작가, 3인칭)가 인물이나
   사건을 관찰하여 보여줌

   ② 3인칭(작가) 전지적 시점 : 화자(작가, 3인칭)가 전지전능한
   신이 되어 모든 걸 표현함

소설의 시점에서 2인칭 시점은 왜 없을까요?

– '인칭'은 사람을 가리키는 표현으로 1인칭, 2인칭, 3인칭 세 가지가 있지요. 영어 시간에 다들 잘 배웠겠지요? '나'는 1인칭, '너'는 2인칭, '그/그녀'는 3인칭. 그런데 인칭은 원래 말하기와 듣기에서 나온 개념인데, 말하는 이가 자신을 직접 가리키면 1인칭, 듣는 이를 가리키면 2인칭, 그 외제 3자를 가리키면 3인칭입니다.

그런데 소설의 시점에는 2인칭 시점이 아예 없어요. 왜 그럴까요? 2인칭 '너'를 주인공으로 하는 소설을 누가 읽을까요? 재미가 없어서 말이죠. 소설에서는 2인칭인 '너/당신'을 화자 혹은 이야기 주인공으로 내세우지 않아요. 2인칭 시점으로는 작품의 전개가 어렵고 독자의 친밀감이나 호기심을 자극하기가 힘들거든요. 물론 도전적이고 도발적인 작가들이 나서서 2인칭 시점으로 소설을 써 본 적이 있겠죠. 결과는 어땠을까요? 성공, 실패? 물어보나 마나겠죠. ㅋㅋ

기 본 연 습

다음 설명이 맞으면 ○, 아니면 ×표를 하세요.

1. 소설의 전개에서 3인칭 시점은 곧 작가의 시점이다.　(　)

2. 황순원의 '소나기'는 1인칭 시점으로 이야기가 전개된다.　(　)

3. '나'가 화자인 동시에 주인공이면 3인칭 시점이다.　(　)

4. 서술자가 작품 속에 존재하는 것은 1인칭 시점이다.　(　)

5. 서술자가 작품 밖에 존재하는 것은 3인칭 시점이다.　(　)

6. 소설에서 서술자와 화자는 같은 말이다. (　　)

7. 소설의 시점에서 2인칭 시점의 작품은 거의 없다. (　　)

8. 시점이 작품 속에서 바뀔 수는 있어도 시점이 없는
　소설이란 있을 수 없다. (　　)

9. 1인칭 관찰자 시점은 '나'의 눈에 비친 외부 세계를 다룬다. (　　)

10. 전지적 작가 시점은 고전소설에 흔했으나
　　현대 소설에는 전혀 없다. (　　)

실 력 다 짐 ···

가. 다음 설명에서 □에 들어갈 숫자를 적으세요.

1. □인칭 관찰자 시점은 작품 속의 '나'가 주인공의 이야기를
　관찰하여 전달한다.

2. 작가 관찰자 시점은 다른 말로 □인칭 관찰자 시점이라고 한다.

3. 소설에서 시점은 □인칭과 □인칭, 두 가지 시점이 있다.

4. 화자의 위치가 작품 밖에 있는 것은 □인칭 소설이다.

5. 화자의 위치가 작품 안에 있는 것은 □인칭 소설이다.

나. 소설의 설명에서 □에 알맞은 말을 적으세요.

1. 작품 속에서 이야기를 전달하는 사람을 □□(이)라고 한다.

2. 주인공이 직접 자신의 이야기를 하기 때문에 독자에게 신뢰감과

친근감을 주는 방식은 1인칭 □□□ 시점이다.

3. 소설은 서술자의 위치와 관점에 따라 □ 가지 유형으로
나눌 수 있다.

4. 작가 □□□ 시점은 서술자가 사건과 인물의 모든 것을
알려주므로 독자의 상상력이 제한되는 단점이 있다.

5. 서술자가 인물이나 사건을 바라보는 관점 또는 이야기를
서술해나가는 방식을 문학 전문 용어로 □□ (이)라고 한다.

마중물 3

해마루 > 하하하 미안해.

애들아, 너무 어려운 걸 소개해서 미안하구나. 그렇지만 이것만 통과하면 나머지 문학 공부는 쉬워. 쉬워도 너무 쉬워. 너무 쉬워서 눈 감고도 할 수 있어. 후후훗, 그만큼 이곳이 어렵다는 뜻이기도 해. 아무나 국어 천재가 될 수 있나? 이 정도 장애물을 통과해야 국가 공인 국어 천재가 될 수 있는 거야. 어쨌든 나만 믿고 따라와.

단단 > 아유, 자꾸 복잡해지는데요. 머릿속이 빙글빙글 돌아요. 어지러워요.

영영 > 에구머니, 정말로 생각이 엉키고 복잡해졌어요. 선생님께 물어보고 싶은 게 자꾸 생겨나요. 어쩌지요? 저도 큰일 났어요.

해마루 > 그래, 아마도 그럴 거야. 머릿속이 복잡하고 질문할 게 많아졌지? 이제부터 무엇이나 질문할 게 있으면 마구 질문하도록 해. 질문을 통해 어지러운 걸 하나하나 정리해갈 수밖에 없거든.

우리가 지금 문학 공부의 울창한 숲 한가운데 들어온 거야. 자칫 길을 잃기 십상이니까 다들 정신을 초롱초롱 밝혔으면 좋겠어.

영영 〉 선생님, 문제를 몇 개 내어주세요. 그걸 풀면서 복잡한 머릿속을 정리하고 싶어요.

해마루 〉 하하하 아주 좋아. '서술자'도 잘 알고 말이야. 단단에게서 점점 국어 천재의 향기가 풍겨 나는 걸. 자 그럼 이번 문제는 누가 풀어야할지 잘 알겠지? 영영이 한번 해볼까?

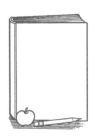

④ 소설의 인물

 바탕 다지기

소설의 인물 : 작품 속에서 행동을 하는 사람

1. 인물의 역할

   1) 주제를 효과적으로 드러내요.

   2. 배경 속에서 다른 인물과 갈등을 일으켜 사건을 전개해요.

   3. 작가가 꾸며낸 인물이지만 현실에 있음직해요.

2. 인물의 표현

   1) 외양 묘사 : 인물의 겉모습을 묘사

   2) 행동 묘사 : 인물의 행동을 묘사

   3) 심리 묘사 : 인물의 심리를 묘사

   4) 성격 묘사 : 인물의 성격을 묘사

실력 돋보기

1. 인물의 제시 방법

   1) 직접 제시 : 인물의 성격이나 심리 등을 직접 설명(=설명하기)

   2) 간접 제시 : 대화나 행동 또는 묘사로 인물을 생생하게 표현

               (=보여주기 / '극적 방법'이라고도 함)

2. 인물의 유형

1) 중요도에 따라

- 중심 인물 : 사건과 갈등의 중심에 있는 인물
- 주변 인물 : 주요 인물을 돋보이게 하며 시대와 사회 배경을 잘 드러내는 인물

2) 성격의 변화에 따라

- 평면적 인물 : 처음부터 끝까지 성격이 변하지 않는 인물(고전소설)
- 입체적 인물 : 사건의 진행 과정에서 성격이 변하는 인물(현대소설)

3) 집단의 대표성에 따라

- 전형적 인물 : 시대와 계층을 대표하는 인물(고전소설)
- 개성적 인물 : 자기만의 독자적 개성을 가진 인물(현대소설)

4) 역할 수행에 따라

- 주동 인물 : 작가가 의도하는 주제를 실천하는 인물 / 주인공
- 반동 인물 : 주제를 방해하고 갈등을 일으키는 인물 / 주인공에 대립

5) 희비에 따라

- 희극적 인물 : 익살스럽고 재미난 인물
- 비극적 인물 : 슬프고 희생적인 인물

해마루 톡톡

– 현실과 소설의 차이

소설 속 세상은 작가가 허구로 꾸며낸 상상의 세계에요. 인물이나 배경, 사건 등을 작가가 창조해요. 그래서 현실은 오로지 시간에 따라 사건이 전개되나, 소설 속에서는 사건 전개가 작가가 꾸미는 대로 하되 반드시 필연에 따르지요.

기본연습

다음 설명이 맞으면 ○, 아니면 ×표를 하세요.

1. 소설 속 인물은 작품의 주제와 별 관련이 없다. ( )

2. 소설에서 인물의 제시 방법은 직접 제시,
   간접 제시의 2가지가 있다. ( )

3. 소설의 인물 유형은 중요도에 따라 평면적 인물과
   입체적 인물이 있다. ( )

4. '심청전'에서 심청은 소설의 인물 유형에서 중심인물이다. ( )

5. '춘향전'에서 향단이나 방자는 인물 유형에서
   반동 인물이다. ( )

6. 서술자가 등장인물의 성격이나 심리를 직접 설명하는
   방법은 직접 제시다. ( )

7. '춘향전'에서 변 사또와 같은 인물을 반동 인물이라고 한다. (   )

8. 작품의 처음부터 끝까지 성격의 변화가 없는 인물을
   입체적 인물이라고 한다.   (   )

9. 소설 속 인물은 작가가 꾸며낸 인물로 현실성이 없다. (   )

10. 현대소설은 거의 대부분 전형적 인물을 중심인물로
    내세운다.   (   )

실 력 다 짐 ....

가. 소설의 인물에서, 밑줄 친 부분에 유의하여 다음 □에
들어갈 알맞은 용어를 쓰세요.

1. 작품에서 차지하는 비중이 크지 않은 보조적 인물은
   □□인물이다

2. 사회의 특정 계층이나 집단을 대표하는 인물은
   □□□인물이다.

3. 인물 제시의 방법 중에서 설명하기에 해당하는 것은
   □□제시이다.

4. 소설의 인물은 □□수행에 따라 주동 인물과 반동 인물로
   나누어진다.

5. 소설의 인물은 성격의 변화에 따라 평면적 인물과

   ☐☐☐ 인물로 나누어진다.

6. 소설의 인물은 집단의 대표성에 따라 전형적 인물과

   ☐☐☐ 인물로 나누어진다.

7. 소설에서 인물의 겉모습을 묘사하는 것은 ☐☐ 묘사이다.

8. 소설에서 인물의 심리를 묘사하는 것은 ☐☐ 묘사이다.

9. 소설에서 극적 방법으로 인물을 제시하는 것은 ☐☐ 제시이다.

10. 작품의 주인공으로 사건이나 행위의 주체가 되는 인물은

    ☐☐ 인물이다.

나. 다음 설명이 맞으면 ○, 아니면 ×표를 하세요.

1. 소설 속 인물은 다른 인물이나 주변의 상황과

   갈등을 일으킨다.   (   )

2. 작가가 창조해낸 인물은 언제 어디서나 변하지 않는

   태도를 보여야 한다.   (   )

3. 실존 인물도 작가의 상상력으로 소설 속 등장인물이

   될 수 있다.   (   )

4. '심청전'의 심청은 집단의 대표성으로 볼 때

   개성적 인물이다.   (   )

5. 인물의 성격을 제시하는 방법으로 '설명하기'와

   '보여주기'가 있다.   (   )

5 소설의 구성

구성 : 이야기를 짜임새 있게 엮음

 실력 돋보기

1. 구성(플롯)
　　---- 여러 사건을 인과 관계로 엮어냄

　1) 구성의 3요소
　　　① 인물 : 작가가 상상력으로 창조한 사람
　　　② 사건 : 등장인물이 겪거나 벌이는 일들
　　　③ 배경 : 사건이 일어나는 시간과 장소, 시대 사회 환경

　2) 구성 단계
　　- 소설에서 사건이 진행되는 단계(5단계 구성)
　　　① 발단 : 등장인물과 배경을 소개하고 사건의 실마리를 제시함
　　　② 전개 : 사건이 전개되고 갈등이 시작됨

③ 위기 : 갈등이 깊어지고 긴장감이 생김

④ 절정 : 갈등과 긴장감이 최고조에 이름

⑤ 결말 : 인물의 운명이 결정되며 갈등이 해소됨

(4단계 구성은 여기서 '위기' 단계가 빠짐)

3) 구성의 유형(종류)

① 순행적 구성 : 시간의 순서에 따라 이야기가 구성

(=평면적 구성 / 고전소설에 흔함)

② 역순행적 구성 : 시간 순서가 아니라 작가의 의도에 따른 구성

(=입체적 구성 / 현대소설에 흔함)

③ 액자식 구성 : 이야기 속에 또 이야기가 들어 있음

(이야기를 전해 듣는 상황에서 주로 사용)

④ 일대기적 구성 : 인물의 일생을 다루며 고전소설에 흔함

(춘향전, 홍길동전, 흥부전 등 제목이 '～전'으로 끝남)

⑤ 피카레스크식 구성 : 독립된 이야기들이 같은 주제 아래
여럿이 이어져 있음

(피카레스크는 유명한 악당 이름. 그래서 피카레스크
소설을 '악한 소설'이라고도 함)

⑥ 단편 구성 : 하나의 사건만으로 이야기가 구성

(단편 소설)

⑦ 복합 구성 : 두 개 이상의 사건으로 이야기가 복잡하게 구성

(장편 소설)

2. 이야기와 구성

   1) 이야기(스토리)

     --- 여러 사건을 시간 순서에 따라 진행함

   2) 구성(플롯)

     --- 여러 사건을 원인과 결과의 관계로 엮어냄

      (플롯의 흐름이 바로 소설의 구성 단계를 빚어내지요.)

해마루 톡톡

> 서술자(화자)는 소설 작품 속에서 이야기를 전달하는 사람이고요, 화자가 이야기를 서술해나가는 방식을 '시점'이라고 합니다. 그래서 화자가 작품 속에 있으면 1인칭 시점, 화자가 작품 바깥에 있으면 3인칭 시점이 됩니다

기 본 연 습 ....

아래 설명이 맞으면 ○, 아니면 × 표를 하세요.

1. 피카레스크식 구성은 독립된 이야기들이 같은 주제 아래

   여럿이 이어져있는 것이다.   (   )

2. 소설에서 시간의 흐름에 따른 구성을 순행적

   구성이라고 한다.   (   )

3. 일대기적 구성은 주로 고전소설에 나타난다.   (   )

4. 액자식 구성은 외부 이야기와 내부 이야기가 함께하는
   구성 방식이다.   (   )
5. 소설의 구성은 여러 사건을 인과 관계로 엮어 짠다.   (   )
6. 하나의 사건만으로 이야기가 구성되는 게 단편소설이다.   (   )
7. 2개 이상의 사건으로 이야기가 복잡해지는 구성을
   복합 구성이라고 한다.   (   )
8. 소설에서 등장인물이 겪거나 벌이는 일들을
   '배경'이라고 한다.   (   )
9. 소설의 4단계 구성은 '발단, 전개, 절정, 결말'이다.   (   )
10. 소설에서 작가의 중심 생각을 '제재'라고 한다.   (   )

실력다짐

가. 밑줄 친 부분이 틀렸으면 바르게 고치세요.

1. 사건을 '현재 – 과거 – 현재'의 순서에 따라 구성한 것은
   <u>순행적 구성</u>이다.
2. 소설의 구성 단계 중 갈등이 최고조에 이르는 단계는 <u>절정</u>이다.
3. 작가의 개성이 드러나는 문장 표현 방식을 <u>문체</u>라고 한다.
4. 장편소설은 흔히 <u>단편 구성</u>으로 스토리를 짠다.
5. <u>플롯</u>은 여러 사건을 원인과 결과의 관계로 엮어낸다.

나. 다음 설명의 □에 알맞은 말을 쓰세요.

1. 소설에서 □□ 은 등장인물과 배경을 소개하고
   사건의 실마리를 제시하는 단계다.

2. 이야기를 전해 듣는 입장에서 주로 사용하는 소설 구성법은
   □□□ 구성이다.

3. 인물, 사건, 배경은 소설의 □□ 을(를) 이루는 3요소이다.

4. 피카레스크 소설을 □□ 소설이라고도 한다.

5. '외부 이야기 → 내부 이야기 → 외부 이야기' 방식으로 꾸며진
   구성은 □□□ 구성이다.

6. □□ 의 3요소는 '주제, 구성, 문체'이다.

7. 두 개 이상의 사건으로 이야기가 복잡하게 전개되는 구성은
   □□ 구성이다.

8. 입체적 구성으로 시간 순서가 아니라 작가의 의도에 따른
   구성을 □□□□ 구성이라 한다.

9. 소설에서 주인공의 운명이 결정되며 갈등이 해소되는
   단계는 □□ 이다.

10. 소설에서 4단계 구성과 5단계 구성의 차이점은 □□ 단계가
    있느냐 없느냐에 있다.

6 갈등, 소설의 표현 방법

갈등 : 인물의 내면이나 다른 대상과의 사이에서 일어나는 대립

1) 갈등(葛藤)의 뜻 : 칡덩굴(갈)과 등나무 덩굴 등이 서로 얽혀 있음

　　→ 인물 사이나 사회 환경 등이 복잡하게 얽혀 대립 관계를 이룸

2) 갈등의 역할

　　① 인물의 성격과 가치관을 드러냄

　　② 사건에 긴장미와 필연성을 갖게 함

　　③ 독자의 관심과 흥미를 불러일으킴

　　④ 해결 과정을 통해 주제를 드러냄

3) 갈등의 종류

　　• 내적 갈등 : 한 인물의 마음 속에서 일어나는

　　　　　　　　 심리적 갈등 (짜장?/ 짬뽕?)

　　• 외적 갈등 : 인물과 인물 또는 인물과 외부 세계의 갈등

　　① 개인과 개인의 갈등 -- 인물 간의 성격이나 가치관의 대립

　　② 개인과 사회의 갈등 -- 인물과 사회 제도나 관습의 대립

　　③ 개인과 운명의 갈등 -- 인물과 주어진 운명과의 대립

　　④ 개인과 자연의 갈등 -- 인물과 자연(자연 재해)의 대립

소설의 표현 방법 --- 소설을 전개하는 방식은
　　　　　　　　　　　〈서사, 묘사, 대화〉의 3가지가 있어요

　1) 서사 : 시간의 흐름에 따른 사건의 진행

　2) 묘사 : 사물의 모습이나 상황을 그리듯이 표현

　3) 대화 : 인물이 서로 주고받는 말

 작가가 소설을 쓸 때 그것을 표현하는 방법은 3가지가 있는데,
〈서사, 묘사, 대화〉가 그것입니다. 이것은 작가가 소설을 전개해 나가는 방식이
3가지가 있다는 뜻이기도 해요.

　1.복선 :　나중에 일어날 사건을 독자에게 넌지시 알려주는 장치
　　　　　　　　(앞으로 닥칠 상황에 대한 암시 → 사건의 필연성 부여)

　2.문체 : 영어로 '스타일'이라고 하는데 작가마다 문체가 달라요.
　사람들도 옷차림이나 행동 방식 등에서 자기 스타일이 다 있잖아요.
　'문체'는 글쓰기와 관련되는 작가의 독특한 개성을 말해요.
　그래서 글의 스타일을 보면 그 작품의 작가를 알 수 있을 정도가
　되기도 하지요.
　작가마다 잘 쓰는 낱말이나 속담, 문장의 길이, 문장 전개 방식 등이
　다 달라요. 이것이 '문체'입니다. 그러니까 문체는 글의 전체 분위기나 색
　깔, 전개 방식이 어떠냐에 달려있다고 할 수 있어요.

소설의 아래 설명이 맞으면 ○, 아니면 ×표를 하세요.

1. 갈등은 등장인물 사이의 대립에 의해서만 생긴다. ( )

2. 갈등은 원래 칡덩굴이 서로 얽혀 있는 모양을 뜻한다. ( )

3. 나중에 일어날 사건을 독자에게 넌지시 알려주는 장치를
   복선이라고 한다. ( )

4. 갈등은 크게 내적 갈등과 외적 갈등이 있다. ( )

5. 인물의 마음 속에서 두 심리가 충돌하여 생기는 갈등이
   외적 갈등이다. ( )

6. 소설은 묘사 때문에 사건 전개와 문체의 속도감이 빨라진다. ( )

7. 소설을 표현, 또는 전개하는 방식은 3가지가 있다. ( )

8. 소설에서 인물이 서로 주고받는 말이 묘사다. ( )

9. 갈등은 인물의 성격과 가치관을 드러내는 역할을 한다. ( )

10. 갈등을 해결하는 과정을 통해 소설은 주제를 드러낸다. ( )

실 력 다 짐

가. 다음 설명의 □에 알맞은 말을 적으세요.

1. 소설에서 사건에 긴장감을 조성하고 필연성을 부여하는 것은
   □□이다.

2. 인물과 사회 제도나 관습의 대립은 □□ 갈등이다.

3. 영어로 '스타일'이라고 하는데 작가마다 □□가
   제각기 다르다.

4. 소설에서 사물의 모습이나 상황을 그리듯이 표현하는
   방식을 □□(이)라고 한다.

5. 갈등은 원래 칡덩굴과 □□□ 덩굴이 어지럽게 얽힌 것이다.

6. 서술자가 독자에게 직접 설명하듯이 인물, 사건, 배경을
   제시함은 서사, 또는 □□ 이다.

7. 글쓰기와 관련되는 작가의 독특한 개성을 □□(이)라고 한다.

8. 인물과 주어진 운명과의 대립은 □□ 갈등이다.

9. 소설에서 □□ 은(는) 사건 진행을 다루며 따라서
   문체의 속도감이 빨라진다.

10. 소설에서 느껴지는 현장감은 등장인물들이 주고받는
    □□ 에 달렸다.

나. 아래 설명이 맞으면 ○, 아니면 ×표를 하세요.

1. 갈등의 전개와 해결로 소설은 재미와 긴장을 불러일으킨다. (　　)

2. 현대소설은 인물과 외부 세계의 갈등만을 중요시한다. 　(　　)

3. 고전소설에는 인물과 운명의 갈등을 다루지 않는다. 　　(　　)

4. 문체를 이루는 요소로서 짧은 문장으로 진행되며
   현장감을 주는 것은 묘사이다. 　　　　　　　　　　(　　)

5. 시간의 흐름을 타는 사건 진행은 서사 또는 서술로 표현된다. (　　)

소설의 핵심 정리, 기타

7

바탕 다지기

소설의 3요소

= 주제, 구성, 문체

1) 주제 : 작가의 중심 생각

2) 구성 : 인물, 사건, 배경으로 이야기를 엮음

3) 문체 : 작가의 개성이 드러나는 문장 표현 방식

실력 돋보기

1. 소설의 특성

--- 허구성, 산문성, 개연성, 서사성, 진실성, 예술성

1) 허구성 : 작가가 상상으로 꾸며냄

2) 산문성 : 산문, 줄글로 표현함

3) 개연성 : 실제 있을 법한 이야기임

4) 서사성 : 인물, 사건, 배경의 이야기가 있음

5) 진실성 : 인간과 삶의 진실을 보여줌

6) 예술성 : 감동과 아름다움을 추구함

2. 소설을 감상하는 방법

　　− 인물의 성격을 파악해요.

　　− 등장인물이 되어 상상하며 느껴요,

　　− 인물들의 관계와 갈등을 파악해요.

　　− 멋지고 아름다운 표현을 찾아 적어요.

　　− 주제를 파악하고 정리해요.

　　− 독후 소감을 짤막하게 써요.

기본연습

다음 설명이 맞으면 ○표, 아니면 ×표를 하세요.

1. 소설에 표현된 작가의 중심 생각이 그 작품의 주제다. (　)

2. 소설은 인물들의 관계와 갈등을 파악하며 읽는다. 　(　)

3. 소설의 3요소는 구성, 주제, 배경이다. 　(　)

4. 작가만의 독특한 문장 표현 방식을 문체라고 한다. 　(　)

5. 멋지고 아름다운 표현을 찾아서 적는 것도 소설을
　　잘 감상하는 방법이다. 　(　)

6. 소설은 현실에 있음직한 일을 꾸며 쓴 이야기다. 　(　)

7. '인물, 사건, 배경'은 소설의 '문체'를 이루는 3요소이다. (　)

8. 소설이 다른 문학과 구별되는 가장 큰 특징은
　　허구성이다. 　(　)

9. 소설에는 감동과 아름다움을 추구하는 예술성이 있다. (   )

10. 소설에서 갈등의 실마리는 '위기'단계에서 처음 보인다. (   )

실력다짐

가. 다음에 해당하는 소설의 특징을 찾아 □에 바르게 적으세요.

――― 허구성, 산문성, 개연성, 서사성, 진실성, 예술성

1. 작가가 상상으로 꾸며냄　→　□□□

2. 인물, 사건, 배경이 있음　→　□□□

3. 인간과 삶의 진실을 보여줌　→　□□□

4. 감동과 아름다움을 추구함　→　□□□

5. 실제 있음직한 이야기임　→　□□□

나. 다음 설명의 □에 알맞은 말을 적으세요.

1. 소설의 3요소는 주제, 구성, □□ 이다.

2. 소설은 작가가 □□ 하여 꾸며낸 이야기이다.

3. 현대소설은 바람직한 삶과 □□ 의 모습을 찾고자 한다.

4. 소설은 줄글로 표현하는 □□ 문학이다.

5. 인물들이 겪거나 벌이는 갈등과 행동이 소설 작품의

　구성에서 □□ 이 된다.

⑧ 고전소설

 바탕 다지기

고전소설 : 옛날의 이야기 문학

| 보기 | 흥부전, 홍길동전, 춘향전……

 실력 돋보기

고전소설 : 우리나라 개화기(1894, 갑오개혁) 이전의 소설

고전소설의 특징

① 지은이 : 작자미상이 많음(여러 사람이 짓고 보태고 꾸며서
　　　　　　특정한 지은이가 없음)

② 주제 : 권선징악 (착함을 권하고 악을 징벌함)

③ 사건 : 우연적이고 비현실적

④ 구성 : 시간의 흐름에 따른 일대기적 구성(소설 제목 = ~전)

⑤ 문체 : 운문체, 문어체

⑥ 배경 : 뚜렷하지 않거나 비현실적임

⑦ 시점 : 대부분 전지적 작가 시점

⑧ 인물 : 평면적, 전형적 인물

⑨ 결말 : 행복한 결말

 **해마루 톡톡**

> 우리나라 최초의 현대소설(근대소설이기도 함)은 이광수의
> '무정'(1917년 발표)입니다.
> 현대소설의 특징은 위의 고전소설과 정확히 대조를 이루어요.
> 현대소설은 다양한 주제, 분명한 작가, 사건의 필연적 전개, 개성적이고
> 입체적인 인물, 다양한 구성, 구체적이고 현실적인 배경, 산문체와 구어체
> 표현, 다양한 시점, 다양한 주제 등의 특징으로 요약할 수 있어요.

기 본 연 습

소설의 아래 설명이 맞으면 ○, 아니면 ×표를 하세요.

1. 고전소설은 갑오개혁 이후에 발표된 소설이다. (　　)

2. 현대소설에 등장하는 인물은 개성적이고 입체적인
   인물이 대부분이다. (　　)

3. 현대소설은 배경이 또렷하고 사건의 전개가 필연적이다. (　　)

4. 고전소설은 대부분 전지적 작가 시점으로 서술한다. (　　)

5. 고전소설의 공통 주제는 한마디로 '권선징악'이다. (　　)

6. 현대소설은 산문체, 구어체의 문체를 사용한다. (　　)

7. 고전소설의 구성은 대체로 일대기적 구성을 취한다. (　　)

8. 현대소설은 시간의 흐름에 따른 구성이 일반적이다. (　　)

9. 고전소설은 대부분 행복한 결말을 맺는다. (　　)

10. 고전소설은 생활 속의 다양한 주제를
    작품 속에서 다룬다. (　　)

가. 다음 설명의 □에 알맞은 말을 적으세요.

1. 고전소설은 주로 '~전'의 이름을 갖고 있다.

   이것은 □□□□구성이라는 뜻이다.

2. 고전소설의 공통 주제는 □□□□이다.

3. 고전소설의 사건은 대부분 □□□이고 비현실적이다.

4. 현대 소설의 인물은 대체로 개성적이고 □□□이다.

5. 고전소설의 문체는 운율이 있어 낭송하기 좋은 □□□를 쓴다.

나. 아래 설명이 맞으면 ○, 아니면 ×표를 하세요.

1. 현대소설은 대부분 전지적 작가 시점으로 전개한다.　　（　　）

2. 현대소설의 문체는 산문체, 문어체이다.　　（　　）

3. 고전소설은 창작자가 또렷하지 않고 입에서 입으로 전하는

   구비문학이 밑바탕이다.　　（　　）

4. 우리나라에서는 갑오개혁, 즉 개화기 이전의 소설이

   고전소설이다.　　（　　）

5. 우리나라 최초의 현대 소설은 1917년에 발표된 춘원 이광수의

   '무정'이다.　　（　　）

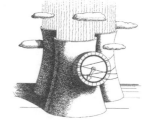

3 행복의 씨앗을 뿌려라

– 수필의 향기

마중물

해마루 〉 하하하, 그러고 보니 너희가 국어 시간에 공부해야 할 것들이 한두 가지가 아니구나. 그러나 어쩌겠어? 차근차근 하나하나 또박또박 알아갈 수밖에 없는 노릇이지 않겠니? 안타깝게도 공부에는 지름길이 없단다. 만약에 지름길이 있다면 다들 그쪽으로 가려고 왕창 몰리겠지? 그러나 하늘은 공평해. 공부에 지름길은 없어. 알겠니?

단단, 영영 〉 넵, 알겠습니다. 공부에 지름길이 없다마다요.

해마루 〉 사실은 공부 말고 운동에도 지름길은 없단다. 제 힘으로 제 시간만큼 하는 거지.
다시 문제 풀이로 돌아가 볼까? 우리가 여기서 퍽이나 시간을 많이 지체했구나.

단단 〉 아항, 나도 알 듯 말 듯해요. 수필도 문학 작품이 되는데, 그것은 자유로운 형식에 교훈과 감동이 있다는 거죠. 1인칭 문학이라서 작가의 개성이 아주 또렷이 나타나고요.

거참 재미있네요. 헤헤헤 이제야말로 문학 공부가 한층 재미있어 지려고 하는데요. 시야가 넓게 탁 트였어요. 제가 높은 산에 올라 온 것 같아요. 고맙습니다. 공부는 산에 오르는 것과 같다는 생각 이 퍼뜩 드네요.

해마루 > 하하하 "공부는 등산과 같다." 그거, 아주 멋진 표현이로 구나.

영영 > 선생님, 어떡하죠? 호호호 단단이 숫제 국어 천재 티를 팍 팍 내는데요.

해마루 > 하하하 괜찮다. 그냥 놔둬라. 저도 기분이 좋으니까 그렇 겠지. 단단은 하늘나라에서 전학을 왔잖니? 빠른 속도로 적응을 해나가는 게 보기가 좋기만 하네 그려. 영영아, 네가 아까 말한 것처럼 긍정의 사고와 자신감이 이 모든 걸 가능하게 해주거든.

단단 > ㅋㅋ선생님, 그렇지요. 사부님이 제 마음을 잘 알아주시네 요. 영영아, 사부님한테서 넉넉한 이런 마음씀씀이를 좀 배우려 무나.

해마루 > 자 괜한 소리는 그만두고 본격적으로 수필 공부의 세계로 들어가 볼까?

1 수필

바탕 다지기

수필 : 자신의 생각이나 느낌을 자유롭게 쓴 글

1) 수필의 분류

① 경수필 : 일상생활에 대하여 가볍게 쓴 정서적인 수필

     (편지, 일기, 기행문, 수기 등 / = 미셀러니)

② 중수필 : 시사 또는 사회 문제에 대해 무겁게 쓴 논리적인 수필

     (칼럼, 평론 등 / = 에세이)

2) 수필에 속하는 것들

    → 편지, 일기, 기행문, 수기, 칼럼, 평론…

실력 돋보기

수필 : 생각이나 느낌을 형식의 제한 없이 자유롭게 쓴 글

1) 수필의 특성

① 형식의 제한을 받지 않고 자유롭게 써요.(무형식의 형식)

② 비전문적인 글로 누구나 쓸 수 있어요.

③ 시점은 언제나 1인칭이에요. (수필 = 1인칭 문학)

④ 글쓴이의 자기 고백과 개성이 잘 드러나요.

⑤ 소재와 주제의 제한이 없으며 신변잡기적이에요.

2) 수필과 소설의 차이점

① 수필의 성격은 사실적이나 소설은 허구적입니다.

② 수필은 자유로운 형식이나 소설은 일정한 구성 단계가
있습니다.

③ 수필의 '나'는 글쓴이 자신이나, 소설의 '나'는 작가가
창조한 인물입니다.

3) 수필과 소설의 공통점

① 줄글로 이루어진 산문 문학이에요.

② 독자에게 감동과 교훈을 주어요.

③ 삶을 바탕으로 하며 여러 효과적인 표현 방법을 사용해요.

해마루 톡톡

1. 수필과 수기는 어떻게 다른가요?

→ 수기는 결국 수필인데, 특히 자신의 의미 있는 체험을
여러 사람에게 알리기 위해 쓴 글을 '수기'라고 해요. 그래서 일반 수필은
자신의 생각이나 느낌만으로 글을 쓸 수 있지만, '수기'는 반드시
글쓴이의 특별한 경험이 글의 전부 혹은 밑바탕이 되어야 하지요.

| 보기 | 농촌 봉사활동 수기, 어학연수 체험 수기…

② 고전수필

1. 뜻 : 개화기(1894 갑오개혁) 이전의 수필

2. 설(說)

   – 우리나라의 대표적인 고전수필

   – 한글이 만들어지기 이전에 한문으로 쓴 수필

   – 사물의 이치를 밝히면서 자신의 의견을 제시하는 방식

   ① '설'은 한문 문학 양식의 하나예요.

   ② '설'은 비유나 우의적 표현을 사용해요.

   ③ '설'은 교훈적이고 설득적인 내용을 담고 있어요.

   ④ '설'은 <u>사실(예화)</u> + <u>의견(주제)</u>의 2단 구성이에요.
      사물의 이치 소개   +   교훈과 깨달음을 제시

   ⑤ '설'은 고려시대 이규보가 쓴 '슬견설' 등이 대표작입니다.

해마루 톡톡

한자어와 우리말
   – 지금 우리가 사용하는 한자어는 중국어가 아니라 우리말이에요.
   – 우리말 중에서 한자로 만들어진 말을 '한자어'라고 해요.
   – 현재 우리가 쓰는 한자어는 한자로 이루어진 낱말을 우리식 발음으로
     읽고 우리식 표기를 해요. 그러니까 이 한자어는 신라 시대부터
     우리나라에 들어와서 이제는 중국어와는 완전히 다른, 새롭고 독특한
     성격의 우리말이라고 할 수 있어요.
   – 따라서 일상에서 자주 쓰는 1800자 정도의 한자 공부는
     우리말 실력을 쑥쑥 키워나가는데 아주 중요한 역할을 하지요.

다음 설명이 맞으면 ○, 아니면 ×표를 하세요.

1. 수필은 3인칭 문학이다.					(　　)

2. 여행기나 일기도 수필에 속한다.				(　　)

3. 수필의 성격은 체험 위주로 사실적이다.			(　　)

4. 수필은 비전문적인 글로 누구나 쓸 수 있다.		(　　)

5. 신문 칼럼이나 오피니언 시평도 수필에 속한다.		(　　)

6. 수필은 형식의 제한을 받지 않는 자유로운 글이다.	(　　)

7. 수필은 크게 나누어 정서적인 수필이 있고 논리적인
   수필이 있다.						(　　)

8. 소설과 수필은 공통점을 찾을 수가 없다.			(　　)

9. 수필 중에서 수기는 반드시 글쓴이의 특별한 경험이
   바탕이 되어야 한다.					(　　)

10. 수필은 소재와 주제의 제한이 엄격하다.			(　　)

가. 다음 설명의 □에 알맞은 말을 적으세요.

1. 수필의 형식은 □□□ 의 형식이다.

2. 수필은 □□□ 시점의 문학이라고 할 수 있다.

3. 수필은 일상생활의 모든 것이 소재가 될 수 있는

   □□□□ 적인 글이다.

4. 수필은 글쓴이의 가치관, 인생관, 성격이나 습관 등의

   □□ 이 강하게 드러난다.

5. 수필은 크게 경수필과 □□□ 이 있다.

나. 밑줄 친 부분을 올바른 것으로 고쳐 표현하세요.

1. 수필은 잘 짜인 <u>운문</u>이며 문학 작품이다.

2. 수필은 <u>상상</u>을 바탕으로 쓴 글이다.

3. <u>칼럼</u>은 주로 어려운 상황을 극복한 자기 경험이나 특별한 체험을

   알려주는 글이다.

4. 수필 속의 '나'는 글쓴이 자신이므로 수필은 <u>3인칭</u> 시점이다.

5. 소설과 수필의 <u>차이점</u>은 독자에게 감동과 교훈을 주는 것이다.

해마루 톡톡

1. 수필은 체험의 문학
   - '기행문'이 본보기에요.
   (기행문의 3요소 : 여정, 견문, 감상)

2. 닭 울음소리 (수용의 차이? 표현의 차이?ㅋㅋ)
   - 한국어 : 꼬꼬댁 꼬꼬
   영어 : 코커두들두
   일본어 : 고케콧코
   독일어 : 키케리키
   프랑스어 : 코케리코

4 극문학, 현실을 그려내다

− 희곡과 시나리오

마중물

🤓 **해마루** 〉 하하하 좋아 좋아. 애들아, 세상은 무엇으로 구성되어 있지?

🙂 **단단** 〉 남자와 여자요. 아니, 동물과 식물요.

👧 **영영** 〉 원자와 분자요.

🤓 **해마루** 〉 미안해, 내가 미안해. ㅋㅋ내가 한 질문이 너무 황당했 구나?

🙂 **단단** 〉 아닙니다. 괜히 우리가 당황해서 그래요. ㅋㅋ

🤓 **해마루** 〉 하하하 그래? 다시 질문할게. 생각은 무엇으로 이루어져 있을까?

　　우리 인간들이 만날 하는 '생각'이라는 건 도대체 무엇으로 만 들어져 있지?

● **단단** : 생각은 생각으로 구성되어 있지 않나요? 작은 생각이 큰 생각이 되고 작은 생각덩이가 모여 더 큰 생각덩이가 되고 말이에요. 모래가 모여서 모래사장이 되는 것처럼요.

● **영영** 〉 선생님, 산소와 수소가 붙어서 물이 되잖아요. 그것처럼 우리들 머릿속에 들어 있는 생각도, 산소 같은 낱말과 수소 같은 낱말이 엉겨 붙어서 물 같은 생각이 만들어지는 게 아닌가요?

● **해마루** 〉 그래, 아주 좋아요. 생각이라는 게 따지고 보면 결국은 낱말인 거야. 생각 자체가 낱말 덩어리인 거지. 하나의 낱말이 바로 하나의 생각이 아닐까 싶어. 아니면 우리가 어떻게 무엇으로 생각을 하겠어? 낱말이 없다면 말이야. 그러니까 낱말 공부는 국어 공부의 출발점이면서 동시에 국어 천재가 되는 데 가장 핵심 공부라고 할 수 있지.

● **단단** 〉 아니 아니, 선생님, 그런데 낱말이 굉장히 많잖아요? 그걸 어떻게 다 공부해요?

● **영영** 〉 나타날 때마다 조금씩 낱말 뜻을 익혀야지. 어떡하긴 어떡해?

● **해마루** 〉 그래 영영 말이 맞아. 기회가 될 때마다 낱말을 외우는 게

좋지. 수많은 낱말을 한꺼번에 익히려면 힘들잖아? 매일 약간씩 외우는 게 좋아. '티끌 모아 태산'이라는 좋은 말도 있잖니. 국어 낱말을 영어 단어 공부하듯이 하면 아마도 우리는 곧 국어 천재가 될거야. 왜냐 하면 국어 낱말을 열심히 익히려는 아이가 요새는 도통 없으니까 말이야. 어때? 그렇지 않겠니?

 **단단** 〉아유, 선생님. 알겠어요. 낱말 공부를 밥 먹듯이 꾸준히 해 볼게요.

① 희곡이란 무엇?

 바탕 다지기

희곡 : 연극 공연을 위해 쓴 글

 실력 돋보기

1. 희곡 : 공연을 위한 연극의 대본

2. 희곡의 3요소

　– 해설, 지문(지시문), 대사

　1) 해설 : 희곡의 첫 부분에서 등장인물, 배경, 무대 장치 등을
　　　　소개함

　2) 지시문 : 효과음이나 분위기 등을 지시하거나(무대 지시문)

　　　　인물의 동작과 표정 등을 지시함(동작 지시문)

　3) 대사 : 등장인물들이 주고받는 말

3. 희곡의 구성단위

　1) 막 : 여러 개의 장으로 구성되며 무대의 커튼이 오르내림

　2) 장 : 무대 장면이 변하지 않고 이루어지는 사건의 한 토막

　　　('장'이 바뀜 = 등장인물이 등장하고 퇴장함)

4. 희곡 구성의 3요소

   1) 인물 : 희곡의 등장인물, 갈등의 주체

   2) 사건 : 인물들의 행위로 갈등과 긴장이 일어남

   3) 배경 : 사건이 일어나는 시간과 장소

5. 희곡과 소설

   1) 공통점 – 이야기로 구성된 문학

   　　　　　(인물, 사건, 배경이 있음)

   2) 차이점 – ① 인물 : 희곡은 인물의 중요성이 소설보다 훨씬 큼

   　　　　　　　(무대 위 연기 때문)

   　　　　　② 사건 : 희곡은 무대 위 대사와 행동의 문학임

   　　　　　(현재성)

   　　　　　③ 배경 : 희곡은 시간과 공간의 제약을 받음

해마루 톡톡

　　　희곡 대사의 3가지
　　① 대화 : 배우들이 주고받는 말
　　② 독백 : 배우가 혼자서 하는 말
　　③ 방백 : 관객만 듣는다고 약속된 말

다음 설명이 맞으면 ○, 아니면 ×표를 하세요.

1. 희곡은 연극 공연을 위해 쓴 문학 작품이다. ( )

2. 희곡 구성의 3요소는 인물, 사건, 배경이다. ( )

3. 희곡은 시간과 공간의 제약을 거의 받지 않는다. ( )

4. 희곡의 등장인물은 갈등의 주체라고 할 수 있다. ( )

5. 희곡은 작품에서 인물의 중요성이 소설보다 훨씬 더 크다. ( )

6. 희곡에서 등장인물들이 주고받는 말을 '해설'이라고 한다. ( )

7. 희곡의 구성단위는 '막과 장'이다. ( )

8. 희곡은 서술자에 의해 이야기가 전개된다. ( )

9. 희곡은 무대 위에서 연기를 하는 것이기 때문에 늘
   현재형으로 표현한다. ( )

10. '해설'은 희곡의 첫 부분에서 등장인물, 배경, 무대 장치 등을
    소개한다. ( )

가. 밑줄 친 부분에 유의하여 다음 □에 들어갈 알맞은 용어를 쓰세요.

1. 희곡은 <u>대사와 행동</u>이 있으며 <u>대립과</u> □□의 문학이다.

2. 소설과 희곡의 공통점은 <u>인물, 사건, 배경이 있는</u> □□□로 구성되었다는 점이다.

3. 희곡은 <u>무대 위에서 배우들의 연기로 나타내기</u> 때문에 항상 □□□으로 표현한다.

4. □□ 작품은 서술자의 개입 없이 <u>인물들의 대사와 행동을</u> 통해 사건이 전개된다.

5. <u>사건이 일어나는 시간과 장소</u>가 □□이다.

나. 밑줄 친 부분을 바르게 고치세요.

1. 희곡은 <u>드라마</u>의 대본이다.

2. 희곡의 기본 구성단위는 <u>장면</u>이다.

3. 희곡은 사건을 항상 <u>과거형</u>으로 나타낸다.

4. 희곡은 무대 <u>상영</u>을 위해 꾸며낸 연극의 대본이다.

5. 희곡의 3요소 중에서 대본의 <u>마지막 부분</u>에만 제시되는 것은 해설이다.

② 희곡의 종류, 희곡의 특성

 바탕 다지기

희곡의 구성 단계

1) 발단 : 등장인물과 배경이 소개되고 사건이 시작됨

2) 전개 : 사건이 전개되고 갈등과 긴장감이 생김

3) 절정 : 갈등과 대립이 절정에 이르고 극적인 장면이 나타남

4) 하강 : 갈등 해결의 실마리가 보이며 사건의 전환이 일어남

5) 대단원 : 갈등이 해소되고 사건이 마무리되며

   인물의 운명이 결정됨

실력 돋보기

1. 희곡의 종류

　1) 길이에 따라

　　① 단막극 : 하나의 막으로 이루어짐

　　② 장막극 : 3막, 5막 등 여러 막으로 이루어짐

　2) 내용에 따라

　　① 희극 : 주인공의 행복과 성공을 명랑하게 펼침

② 비극 : 주인공의 불행이나 비참을 우울하게 펼침

　　　　(카타르시스 발생)

③ 희비극 : 비극에서 희극으로 끝남

2. 희곡의 특성

　1) 대사와 지문으로 인물의 성격이나 사건을 표현해요.

　2) 희곡은 항상 현재형으로 표현해요.

　3) 희곡을 읽으면 연극하는 장면이 떠올라요.

해마루 톡톡

• 우리나라 최초의 현대 연극
　→ 작품 '은세계'(1908년, 이인직 작)를 극장 원각사에서 공연했어요.

기 본 연 습 ....

가. 다음 설명이 맞으면 ○, 아니면 ×표를 하세요.

1. 극의 구성 단계 중 사건이 마무리되고 인물의 운명이
　결정되는 것은 '하강'이다.　　　　　　　　　　　（　　）

2. 희곡은 줄글로 된 운문 문학이다.　　　　　　　　（　　）

3. 희곡은 등장인물 수의 제한이 없다.　　　　　　　（　　）

4. 희곡은 서술자가 이야기를 전개한다.　　　　　　　（　　）

5. 희곡에서 '장'은 무대의 커튼이 올랐다가 다시
   내릴 때까지다.   (   )
6. 극의 구성 단계에서 인물과 배경이 소개되고 사건이
   시작되는 것은 '전개'이다.   (   )
7. 희곡의 대사 중 등장인물들이 주고받는 말은 '대화'이다. (   )
8. 희곡의 대사 중 '방백'은 관객에게만 들리는 것으로
   약속된 말이다.   (   )
9. 동작 지시문은 등장인물의 행동, 표정, 말투 등을
   지시하는 글이다.   (   )
10. 지시문은 다른 말로 지문이라고도 한다.   (   )

실 력 다 짐 ....

가. 다음 설명에서 □에 들어갈 알맞은 말은?

1. 희곡에서 등장인물이 겪거나 벌이는 일들을 □□(이)라고 한다.
2. 사건이 전개되고 갈등과 긴장감이 생기는 희곡의 구성단계는
   □□이다.
3. 갈등 해결의 실마리가 보이며 사건의 전환이 일어나는 희곡의
   구성단계는 □□이다.

4. 희곡은 무대 상연을 전제로 하기 때문에 사건을 □□□ 으로 나타낸다.

5. 희곡은 등장인물의 대사나 □□ 으로 사건이 전개된다.

나. 다음 설명이 맞으면 ○, 아니면 ×표를 하세요.

1. 희곡은 등장인물 수의 제한이 없다. ( )

2. 희곡의 기본 구성단위는 '장면'이다. ( )

3. 희곡의 대사는 대화와 독백, 2종류가 있다. ( )

4. 희곡은 시간과 공간의 제약을 받는다. ( )

5. 희곡에서 갈등이 해소되고 사건이 마무리되며 인물의
   운명이 결정되는 단계는 '절정'이다. ( )

3 시나리오란 무엇

시나리오 : 영화를 만들기 위해 쓴 대본

 실력 돋보기

1. 시나리오 : 영화 상영을 위해 만든 대본

   드라마 대본 : 드라마 방영을 위해 만든 대본

2. 시나리오(드라마 대본 포함)의 특징

   1) '장면'을 기본 단위로 해요.

   2) 인물의 대사와 행동을 통해 사건이 전개되어요.

   3) 촬영에 필요한 특수 용어가 사용돼요.

   4) 장면의 전환이 자유로워요.

      – 장소나 시간이 바뀌면 새로운 장면이 됨

      – 영화에서 장면은 '신(scene)'이라고 함

   5) 시간과 공간, 등장인물 수의 제약을 거의 받지 않아요.

3. 희곡과 시나리오의 공통점과 차이점

1) 공통점

① 해설, 대사, 지시문으로 구성해요.

② 허구의 꾸며진 이야기예요.

③ 배우들의 연기로 사건이 전개되어요.

2) 차이점

① 희곡은 무대에서 공연하므로 제약이 많아요.

　－ 시간과 공간, 등장인물의 수

② 희곡은 막과 장으로 구성되나, 시나리오는 수많은
　장면으로 구성되어요.

③ 희곡은 배우들이 관객 앞에서 직접 공연하나,
　시나리오는 미리 촬영하여 편집해요.

기 본 연 습 ··

가. 다음 설명이 맞으면 ○, 아니면 ×표를 하세요

1. 희곡처럼 시나리오에서도 해설은 대본의 첫 부분에만
　제시된다. 　　　　　　　　　　　　　　　　　(　)

2. 시나리오는 장면을 기본단위로 한다. 　　　　　(　)

3. 시나리오는 대사와 행동을 통해 사건이 전개된다. (　)

4. 시나리오는 꾸며진 허구의 이야기이다. 　　　　(　)

5. 시나리오는 시간과 공간, 인물 수의 제약을 많이 받는다. (　　)

6. 시나리오는 영화나 드라마의 상영을 전제로 쓴 대본이다. (　　)

7. 시나리오와 희곡의 공통점은 인물의 심리를 직접적으로
　　묘사한다는 점이다. 　　　　　　　　　　　　　　(　　)

8. 희곡과 시나리오는 삶과 인생의 진실을 추구하는
　　산문문학이다. 　　　　　　　　　　　　　　　　(　　)

9. 시나리오는 카메라 촬영을 위해 특수 용어를 사용한다. (　　)

10. 희곡은 막과 장으로 구성되나, 시나리오는 수많은 장면으로
　　구성된다. 　　　　　　　　　　　　　　　　　　(　　)

나. 밑줄 친 부분을 올바른 것으로 고쳐 표현하세요.

1. 시나리오는 작가의 체험으로 꾸며낸 허구의 문학이다.

2. 희곡과 시나리오는 공통점이 없다.

3. 희곡은 배우들이 관객 앞에서 직접 공연하나, 영화는 미리
　　촬영하여 편집함

4. 시나리오는 등장인물의 직접적 심리 묘사가 가능하다.

5. 시나리오는 연극이나 영화 상영을 목적으로 한다.

가. 다음 설명에서 □에 들어갈 알맞은 말은?

1. 작품에서 차지하는 비중이 크지 않은 보조적 인물은

   □□ 인물이다

1. 시나리오는 수많은 □□ 으로 구성된다.

2. 시나리오는 인물의 대립과 □□ 을(를) 기본으로 사건이 진행된다.

3. 배우들이 주고받는 말이나 혼잣말을 시나리오에서는

   □□ (이)라고 한다.

4. 시나리오는 □□, 대사, 지시문으로 구성된다.

5. 시나리오는 영화나 □□□ 상영이 목적이다.

나. 다음 설명이 맞으면 ○, 아니면 ×표를 하세요.

1. 시나리오는 배우들의 연기로 사건이 전개된다. ( )

2. 시나리오는 장면의 전환이 자유롭다. ( )

3. 시나리오는 허구의 꾸며진 이야기이다. ( )

4. 영화 대본에서 장면은 '신(scene)'이라고 한다. ( )

5. 시나리오는 대체로 슬픈 결말로 끝난다. ( )

④ 시나리오의 구성 요소

1. 시나리오의 구성 요소

    1) 해설 : 대본의 첫머리에서 등장인물, 시간, 장소 등을 제시함

    2) 대사 : 배우들끼리 주고받는 말이나 혼잣말

          (인물의 성격을 제시하고 사건을 진행시킴)

    3) 지시문 : 조명이나 음향 효과, 인물의 표정이나 말투,

      카메라의 위치 등을 지시함

        * 장면 표시(S#) : 장면의 순서나 전환, 시간의 흐름이나 장소의 이동 등을 알림

2. 콘티

    – 영화 촬영 연출용 대본

    – 시나리오를 바탕으로 실제 촬영에 필요한 모든 걸 기록

    – 장면 번호, 화면의 크기, 카메라 각도, 배우들의 위치와

      의상 소품까지 작성

3. 내레이션

    – 영화, 드라마 등에서 내용과 줄거리를 해설하는 일 또는 그 해설

    – 시나리오 용어로는 NAR(Narration). 희곡의 방백과 비슷함

    – 내레이터는 내레이션을 하는 사람을 가리킴

가. 다음 설명에서 □에 들어갈 알맞은 말은?

1. 시나리오의 구성 요소 중에서 배우들끼리 주고받는 말이나
   혼잣말을 □□라고 한다.

2. 시나리오를 바탕으로 영화 촬영에 필요한 모든 것을 기록한
   대본을 □□라고 한다.

3. 영화에서 내용과 줄거리를 해설하는 일 또는 그 해설을
   □□□□이라고 한다.

4. 시나리오에서 □□□□는 장면의 순서나 전환, 시간의
   흐름이나 장소의 이동 등을 알린다.

5. 시나리오에서 □□□□는 내레이션을 하는 사람을
   일컫는다.

나. 다음 설명이 맞으면 ○, 아니면 ×표를 하세요.

1. 시나리오는 촬영을 고려한 특수한 용어를 사용한다.   (   )

2. 시나리오는 작가의 체험이 거의 사실적으로 제시된다.   (   )

3. 시나리오는 독자에게 읽히는 것을 목적으로 한다.   (   )

4. 시나리오는 시간과 공간의 제약을 거의 받지 않는다.   (   )

5. 시나리오에서 화면 밖에서 들려오는 설명 형식의 말을
   '콘티'라고 한다.   (   )

⑤ 시나리오의 용어

시나리오 용어

① S#(Scene Number) : 장면 번호

② F.I(Fade In) : 화면이 점점 밝아짐

③ F.O(Fade Out) : 화면이 점점 어두워짐

④ O.L(Over Lap) : 장면이 서서히 사라지고 다음 장면이
　 뒤에서부터 나타남

⑤ C.U(Close Up) : 대상이나 인물을 크게 확대하여 보여줌

⑥ M(Music) : 음악으로 분위기나 심리 표현

⑦ E(Effect) : 효과음

⑧ W.O(Wipe Out) : 화면의 일부를 유리창을 닦듯이 없애고
　 다른 화면을 나타냄

⑨ 몽타주(Montage) : 따로따로 촬영한 화면을 떼어 붙여서
　 편집하는 것

⑩ 내레이션(Narration) : 화면 밖에서 들려오는
　 설명 형식의 대사

⑪ Ins (Insert) : 화면과 화면 사이에 다른 화면을 끼워 넣음

가. 다음 설명에 해당하는 시나리오 용어를 보기에서 찾아 적으세요.

| 보기 | ① F.O (Fade Out)

② 내레이션 (Narration)

③ S#(Scene Number)

④ O.L (Over Lap)

⑤ W.O (Wipe Out)

⑥ M (Music)

⑦ E (Effect) : 효과음

⑧ C.U (Close Up)

⑨ Ins (Insert)

⑩ F.I (Fade In)

⑪ 몽타주(Montage)

1. 화면과 화면 사이에 다른 화면을 끼워 넣음 　　　　　(　)

2. 화면의 일부를 유리창을 닦듯이 없애고

　다른 화면을 나타냄 　　　　　　　　　　　　　　(　)

3. 대상이나 인물을 크게 확대하여 보여줌 　　　　　　(　)

4. 음악으로 분위기나 심리를 표현 　　　　　　　　　(　)

5. 화면이 점점 어두워짐 　　　　　　　　　　　　　(　)

6. 장면이 서서히 사라지고 다음 장면이 뒤에서부터 나타남 (　　)

7. 화면 밖에서 들려오는 설명 형식의 대사 　　　　　　(　　)

8. 효과음 　　　　　　　　　　　　　　　　　　　(　　)

9. 장면 번호 　　　　　　　　　　　　　　　　　(　　)

10. 화면이 점점 밝아짐 　　　　　　　　　　　　(　　)

나. 다음 설명이 맞으면 ○, 아니면 ×표를 하세요.

1. 시나리오는 서술자의 개입으로 사건이 전개된다. 　(　　)

2. 시나리오에서 장면의 순서나 전환 등은 '장면 표시(S#)'로
   나타낸다. 　　　　　　　　　　　　　　　　(　　)

3. 시나리오는 인물의 심리를 직접적으로 묘사하지 않는다. (　　)

4. 희곡과 달리 시나리오의 구성요소에는 해설이 없다. 　(　　)

5. 시나리오는 작가의 상상력으로 꾸며낸 허구의 문학이다. (　　)

5 문학의 뒷마당

− 자투리 문학을 비질하다

마중물

단단 〉 아, 알겠어요. 둘 중에서 더 중요한 게 대표를 맡은 셈이로군요. 헤헤헤.

해마루 〉 하하하 단단이 이렇게나 똑똑하다니, 화들짝 '깜놀'이야. 애들아, 이건 그렇게만 알면 돼. 비슷한 두 개를 억지로 하나로 묶으려니까 이런 일이 생기겠지? 세상 살다보면 그렇잖아. 둘이를 한 묶음으로 엮지 않아도 되는데 강제로 묶기도 하잖아. 물론 이러다보면 불상사가 발생하는 경우가 많지. 지식 세계에서는 이 불상사를 법칙에서 벗어난 예외로 처리하고 말지. 그래서 나온 유명한 말이 있잖아. "예외 없는 법칙은 없다."

내게서 수준 높은 발언이 가끔 튀어나오더라도, 애들아 너희들은 당황하거나 슬퍼하지 마라. 어려운 것도 서너 번 자꾸 듣다보면 자기도 모르게 정신 수준이 향상되거든. 그러다가 어떤 걸 한 10번, 100번 들으면 그것이 자연스럽고 편안해지는 때가 와. 바로 그 때가 그 지식이 자기 것이 되는 순간인 거지. 정신세계의 도약이 깜짝 찾아오는 거야. 하하하 내가 지금 하고 있는 이 말이 무슨 소린지 몰라도 된다. 애들아, 알겠니? 내가 하는 말을 다 알아 들으려고 안 해도 돼. 그저 한 번 보고 한 번 듣고 하다보면 차츰 좋아지는 거야. 그게 공부라는 거고 인생 수련이야. 천천히 꾸준히, 그러나 자기 중심을 꽉잡고서 그냥 앞으로 가면 돼. 그러다가 어느 순간 삶의 도약이 문득 찾아와. 물이 100도에 이르면 마침내 끓어오르는 것처럼 말이야. 우리 사람에게도 비등점이라는 게 반드시 있거든. 이걸 어려운 말로 '양질전화'의 법칙이라고 해. 횟수나 양이 시간 따라 차츰 쌓이면 질적인 도약이 일어나는 거지. 말하자면 공부 실력이나 운동 실력이나 연습량이 많아지면 결국은 잘하게 되잖아. 이게 바로 '양질전화'의 법칙이지. 액체인 물이 어느 순간 하늘을 나는 기체가 될 수 있어. 마법이 별 거 아니야. 꾸준한 노력과 연습이 바로 마법인 거지.

단단 〉 선생님, 그러면 우리는 언제라도 막 끓으려고 하는 물인가요?

해마루 〉 하하하 비유가 참 좋구나.
그렇고말고! "물과 같은 삶이 제일 좋은 삶이지."

영영 〉 현실은 자꾸 변하잖아요? 그러면 지식도 자꾸 변할 거고. 우리도 자꾸 변하고.

해마루 〉 하하하 그건 그래. 영원한 것은 없어. 그래서 삶의 중심을 잘 잡는 게 중요해.

현실과 지식은 원래가 하나야. 시간과 공간이 둘로 나누어지지 않는 것처럼 말이야. 아인슈타인이 그랬지. 시간과 공간은 하나로 붙어 있는 거라고. 그러니까 시공간 합일의 현실이란 걸 우리가 나눌 수 없는 거거든.

그런데도 우리 인간들은 필요에 따라 현실을 강제로 토막 내어 나누잖아. 이런 것 중에서 가장 대표적인 게 바로 지식이라는 거지. 결국 지식이라는 게 뭐냐 하면, 우리가 나눌 수 없는 것을 강제로 나누어서 잘 포장하여 놓은 것을 '지식'이라고 하는 거거든. 우리가 학교에서 배우는 과목이 여러 개인 게 바로 이런 이유 때문이지. 전체로서의 하나를 막 쪼개서 따로 따로 정리를 하니까, 이게 바로 여러 개의 과목이 되고 여러개의 공부가 되고 여러 개의 지식이 되고, 하는 거야. 어떻게 보면 지식 때문에 삶이 더 복잡해지고 더 흐릿해지고 더 불투명하고… 그렇게 된 거지.

🙂 단단 〉 헤헤헤 선생님, 또 이상한 데로 이야기가 흘러가는데요. 지금 '문학 공부 보충'한다 하셨는데…

😀 해마루 〉 아이쿠 아 이런! 내가 또 발동이 걸려버렸네. 그런데 말이야 문학 공부는 인생 공부와 분리되지 않잖아. 문학 공부가 더덜없이 딱 인생 공부야. 나랑 문학 공부하면서 이 정도는 깨쳐야지. 어때? 그렇지 않니? 차라리 지금 이런 시간이 삶에서 더없이 소

중한거지. 문학 공부는 여유와 낭만을 찾아서 떠나는 여행과 같은 거야. 삶의 자유와 인간성을 되찾는 소중한 공부지.

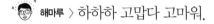 단단, 영영 〉 넵, 알겠어요. 완전 인정!

 해마루 〉 하하하 고맙다 고마워.

　　너희들과 함께하는 이 시간을 나는 정말 사랑한단다. 애들아, 고마워.

1 민요

1. 뜻 : 입에서 입으로 전해지는 전통 노래

2. 운율 : 3.4조, 4.4조의 운율을 가지고 있음 (2개의 연이 대칭 구조)

3. 특징 : 민속과 음악, 문학의 복합체임

4. 우리나라 대표 민요 : 아리랑

5. 민요의 종류 3가지

　① 노동요 : 일을 하면서 부르는 노래

　② 의식요 : 상여 매고 나갈 때 등 의식을 치르며 부르는 노래

　③ 유희요 : 강강술래 등 심심풀이 또는 민속놀이를 하면서
　　　　　　　부르는 노래

6. 민요의 지역별 종류

　– 자연 환경과 생활 풍습이 다르기 때문

　① 경기 민요 : 노동요가 적고 창으로 부르는 노래가 발달

　　기교가 돋보이고 맑고 경쾌한 장단이 특징이에요.

　② 서도 민요 : 평안도와 황해도 지방의 민요.

　　기악 반주를 하지 않고 콧소리를 많이 사용해요.

　　(밝고 서정적인 분위기)

　③ 남도 민요 : 전라도를 중심으로 충청도와 경상도 일부의 민요

목소리가 굵고 격렬하며 꺾거나 흘리는 음을 많이 사용해요.

④ 동부 민요 : 강원도와 함경도, 경상도의 민요

　　강원도와 함경도는 탄식이나 애원조, 경상도는 꿋꿋하고

　　씩씩해요.

⑤ 제주 민요 : 경기 민요 또는 서도 민요와 비슷

　　강한 사투리와 억양 때문에 가락의 흐름이 독특해요.

해마루

장단
－ 우리 음악에서 빠르기나 강약을 주도하는 박자의 틀을 가리킴
－ 민요를 부를 때는 주로 장구로 장단을 맞추고,
　판소리를 할 때는 고수가 북으로 장단을 맞춤
－ ① 진양조 : 가장 느린 장단. 24박
　　② 중모리 : 중간 빠르기. 서정적인 느낌
　　③ 중중모리 : 중모리보다 조금 빠른 장단
　　④ 자진모리 : 빠른 속도의 장단. 명랑하고 경쾌한 느낌
　　⑤ 휘모리 : 가장 빠른 속도. 매우 급한 전개

＊ 굿거리장단 : 우리 음악에 두루 씀. 흥겨운 분위기.
　　　　　　　(행진곡, 민요, 춤의 반주에 사용해요.)
　　세마치장단 : 조금 빠른 장단으로 경기 민요와 같이 흥겨운
　　　　　　　　민요에 많이 사용

다음 설명이 맞으면 ○, 아니면 ×표를 하세요.

1. 우리나라를 대표하는 민요는 아리랑이다. ( )

2. 우리 음악에서 빠르기나 강약을 주도하는 박자의 틀을
   '장단'이라 한다. ( )

3. 민요는 자연 환경과 생활 풍습이 다르기 때문에 지역별로
   독특하다. ( )

4. 민요는 문헌에 적혀 전해지는 전통 노래다. ( )

5. 민요에서 진양조는 가장 느린 장단이며 24박이다. ( )

6. 경상도 민요는 꿋꿋하고 씩씩한 게 특징이다. ( )

7. 민요는 두 연이 대칭 구조이며, 3.4조 또는 4.4조의 운율을
   가지고 있다. ( )

8. 민요는 민속과 음악, 문학의 복합체이다. ( )

9. 휘모리장단은 가장 빠른 속도이며 매우 급한 전개에
   사용한다. ( )

10. 민요를 부를 때는 주로 북으로 장단을 맞춘다. ( )

가. 다음 설명의 □에 알맞은 말을 적으세요.

1. 민요는 □에서 □으로 전해지는 전통 노래다.

2. 우리나라 민요는 민속과 음악, □□의 복합체이다.

3. 경기 민요와 비슷하나 강한 사투리와 억양 때문에 가락의 흐름이
   독특한 민요는 □□ 민요이다.

4. 일을 하면서 부르는 민요를 □□□ (이)라고 한다.

5. 민요의 종류 3가지는 노동요, 의식요, □□□이다.

나. 밑줄 친 부분을 올바른 것으로 고쳐 표현하세요.

1. 세마치장단은 우리 음악에 두루 쓰며 흥겨운 분위기를 만들며
   행진곡의 반주에 사용한다.

2. 판소리를 할 때는 고수가 장구로 장단을 맞춘다.

3. 우리나라 민요는 3.4조, 7.5조의 운율을 갖고 있다.

4. 자진모리장단은 빠른 속도의 장단으로 명랑하고 경쾌한
   느낌을 준다.

5. 남도 민요는 함경도를 중심으로 충청도와 경상도 일부에서 부르며,
   목소리가 굵고 격렬하며 꺾거나 흘리는 음을 많이 사용한다.

2 판소리

1. 뜻 : 이야기를 노래로 표현하는 우리나라 고유의 예술

     – 음악이면서 문학임

     – '①관중 ②고수 ③명창'이라는 말이 있음

 관중이 제일 중요하고 다음은 고수, 그 다음은 명창이 중요하다는 뜻

2. 판소리의 구성 요소

    ① 창 : 판소리 공연에서 광대가 노래하는 부분

    ② 아니리 : 말로 이야기를 설명하는 부분

    ③ 발림 : 몸짓으로 상황을 연출하는 부분

3. 판소리의 용어

    ① 단가 : 판소리 공연을 하기 전 광대가 목을 풀기 위해 부르는

         짧은 노래

    ② 추임새 : 고수와 관객이 판소리 대목에 맞추어 하는

         '얼씨구, 잘한다, 그렇지, 어이, 얼쑤' 등의 말

    ③ 더늠 : 판소리에서 광대(명창)가 사설과 음악을 넣어 자기

방식으로 새롭게 짜서 자신의 특기이자 장기로 부르는 노래

4. 판소리 공연의 3주체
   ① 광대(소리꾼) : 판소리 공연의 주인공
   ② 고수 : 북을 쳐서 장단을 맞추는 사람
   ③ 관객 : 구경하면서 추임새로 공연에 참여함

5. 판소리의 세 갈래
   　　　– 동편제, 서편제, 중고제
   ① 동편제 : 전라도 구례, 순창 등에서 전해짐.
   　　　　　　별스런 기교 없이 힘찬 소리
   ② 서편제 : 전라도 나주, 보성 등에서 전해짐.
   　　　　　　기교와 수식이 많아 부드러움
   ③ 중고제 : 경기도와 충청도 지방에서 발달.
   　　　　　　동편제와 서편제가 잘 섞임

6. 판소리 다섯 마당
   – 마당은 판소리를 세는 단위
   – 판소리는 18세기 초에 충청도와 전라도를 중심으로 발달
   – 초기에 열두 마당이 있었는데 조선 후기에 신재효가 여섯 마당으로 정리했고, 지금은 이 중에서 '가루지기타령'을 빼고 다섯 마당이 전해짐 (현재 판소리 다섯 마당 = 수궁가, 심청가, 적벽가, 흥부가, 춘향가)

소설의 아래 설명이 맞으면 ○, 아니면 ×표를 하세요.

1. 판소리는 이야기를 노래로 표현하는 우리나라 고유의
   예술이다.   (   )

2. '①관중 ②고수 ③명창'이라는 말은 명창의 중요성을
   강조하고 있다.   (   )

3. 판소리 공연을 하기 전에 광대가 목을 풀기 위해 부르는
   짧은 노래를 '단가'라고 한다.   (   )

4. 판소리에서 북을 쳐서 장단을 맞추는 사람을
   '고수'라 한다.   (   )

5. 우리나라 판소리는 동편제, 서편제, 중고제의
   세 갈래가 있다.   (   )

6. '마당'은 판소리를 세는 단위다.   (   )

7. 판소리 공연에서 광대가 노래하는 부분을
   '아니리'라고 한다.   (   )

8. 현재 전해지는 판소리는 조선 후기에 신재효 선생이
   정리한 여섯 마당이다.   (   )

9. 판소리는 18세기 초에 충청도와 전라도를 중심으로
   발달했다.   (   )

10. 관객은 판소리를 구경하면서 추임새로 공연에
    참여하기도 한다.   (   )

가. 다음 설명의 □에 알맞은 말을 적으세요.

1. 판소리는 ①관중, ②□□□,③명창이다.

2. □□□(은)는 판소리 공연에서 말로 이야기를 설명하는
   부분이다.

3. □□□(은)는 고수와 관객이 판소리 대목에 맞추어 하는
   '얼씨구, 잘한다, 그렇지, 어이, 얼쑤' 등의 말이다.

4. 판소리의 세 갈래 중 □□□(은)는 전라도 나주, 보성 등에서
   전해지며, 기교와 수식이 많아 부드러운 게 특징이다.

5. □(은)는 판소리 공연에서 광대가 노래하는 부분을 가리킨다.

나. 밑줄 친 부분이 틀렸다면 바른 것으로 고쳐 표현하세요.

1. 판소리의 구성에서 발림은 몸짓으로 상황을 연출하는 부분이다.

2. 판소리 공연의 주인공인 광대를 소리꾼이라고도 한다.

3. 관객은 판소리를 구경하면서 아니리로 공연에 참여한다.

4. 판소리를 조선 후기에 여섯 마당으로 정리한 사람은
   신채호 선생이다.

5. 판소리의 발생 초기 열두 마당에서 지금 현재 전해지는 판소리는
   여섯 마당이다.

③ 전기문

🧑‍🏫 바탕 다지기

1. 뜻 : 인물의 생애와 업적 등을 사실적으로 기록하여 교훈과 감동을 주는 글

   (전기문의 목적 --- 교훈 전달)

2. 전기문의 종류

   ① 전기 : 인물의 생애와 업적 등을 기록한 글

   ② 자서전 : 자신의 일생을 자신이 직접 기록한 글

   ③ 회고록 : 자신의 생애 중에서 중요한 활동이나 사건에 대해 쓴 글

   ④ 평전 : 인물의 평가에 중점을 둔 글

   ⑤ 열전 : 여러 사람의 전기를 한데 모아 차례로 기록한 글

3. 전기문의 구성 요소

   ① 인물 : 인물의 출생과 성장 과정 등

   ② 사건 : 인물의 활동이나 일화, 주요 업적 등

   ③ 배경 : 인물이 활동한 시대 배경이나 사회적 환경 등

   ④ 비평(평가) : 인물에 대한 글쓴이의 생각이나 느낌, 인물에 대한 평가 (필수 아님)

4. 전기문의 구성 방식

① 일대기적 구성 : 인물의 출생부터 사망까지 전 생애를 기록

② 집중적 구성 : 인물의 일생에서 중요 사건이나 중요 업적을
집중적으로 다룸

5. 전기문의 특징

① 문학성 – 문학적인 구성과 서술로 감동을 주어요.

② 사실성 – 사실을 바탕으로 서술해요.

③ 서사성 – 인물이나 사건을 시간의 흐름에 따라 서술해요.

④ 역사성 – 인물의 개인사나 당시의 사회적 배경이 드러나요.

⑤ 교훈성 – 인물의 성품이나 업적을 통해 교훈을 주어요.

다음 설명이 맞으면 ○, 아니면 ×표를 하세요.

1. 전기문은 문학적인 표현이나 서술을 하면 안 된다.　(　)

2. 소설과는 다르게 전기문은 인물에 대한 평가나 비평이
　반드시 덧붙는다.　(　)

3. 전기문의 구성방식은 예외 없이 일대기적 구성이다.　(　)

4. 전기문의 인물, 사건, 배경은 글쓴이가 상상력으로
　창조한 것이다.　(　)

5. 전기문을 쓰는 목적은 감동과 교훈 전달에 있다.　(　)

6. 여러 사람의 전기를 한데 모아 차례로 기록한 글을
　'평전'이라고 한다.　(　)

7. 전기문은 소설과 마찬가지로 대화와 행동으로 사건이
　전개된다.　(　)

8. 전기문의 구성 요소는 '인물, 사건, 배경, 비평'이다.　(　)

9. 전기문에는 자신의 일생을 자신이 직접 쓴 글도 있다.　(　)

10. 전기문에는 역사적 상황이 있는 그대로 잘 드러난다.　(　)

가. 다음 설명에서 □에 들어갈 알맞은 말은?

1. 전기문은 소설처럼 문학적인 표현과 구성으로 독자에게 감동과
   □□을(를) 전한다.

2. 여러 사람의 전기를 모아 한데 차례로 기록한 글을
   □□이라 한다.

3. 인물에 대한 평가에 중점을 둔 전기문은 □□이다.

4. 인물의 생애 중에서 중요한 시절의 사건만을 다루는 전기문의
   구성방식은 □□□구성이다.

5. 전기문의 구성 요소는 인물, 사건, 배경, □□이다.

나. 밑줄 친 부분이 틀렸다면 바른 것으로 고쳐 표현하세요.

1. 전기문은 인물의 생애와 업적, 일화 등을 <u>상상력</u>으로
   표현하는 글이다.

2. 자신의 생애 중에서 중요한 활동이나 업적에 대해서 직접 쓴
   글을 <u>자서전</u>이라고 한다.

3. 전기문은 <u>수필</u>과 마찬가지로 '인물, 사건, 배경'이 있다.

4. 인물이 활동한 시대적 사회적 환경은 전기문의 구성요소 중
   '<u>사건</u>'이 된다.

5. 전기문은 글의 특성상 <u>작가</u>의 개성과 가치관이 잘 드러난다.

6 비문학의 글

— 실용문이 빛나다

마중물 1

해마루 〉 하하하 무어라 할 말이 없네. 참 대단하네, 영영. 놀랍구나, 영영. 집중력이 쌓이고 쌓여 창조력으로 꽃피어 났도다. 단단아, 우리 영영을 위해 박수를 한번 쳐 주면 안 되겠니? 만세를 부르면서 말이지. "영영, 만세~~" 박수! 짝짝짝.

단단 〉 영영, 만세~~짝짝짝.

영영 〉 호호호 왜 이러세요. 저는 아직도 궁금한 게 많이 남아 있는데요…

해마루 〉 하하하 글쎄 이번에 '비문학 글들' 말이야 지금 단단이 공부에 불이 막 붙었거든. 몸과 마음이 근질거리니까, 이건 단단한테 한번 맡겨보는 게 어떨까? 단단아 어때? 영영의 실용문 궁금증을 네가 한번 풀어주지 않겠니?

단단 〉 헤헤헤 도전! 제가 한번 도전해 보겠습니다.
지금부터 실용문은 몽땅 제게 맡기세요. 화이팅!

① 설명문

1. 뜻 : 지식이나 정보를 전달하는 글

2. 설명문의 구성

    ① 처음(머리말) : 글을 쓰는 목적과 설명 대상 소개하기

    ② 중간(본문) : 대상에 대한 구체적인 설명

    ③ 끝(맺음말) : 설명 내용을 요약하고 정리하기

3. 설명문의 특징

    ① 객관성 – 주장이나 의견 없이 정보를 객관적으로 전달해요.

    ② 사실성 – 지식이나 정보를 사실에 근거하여 전달해요.

    ③ 명확성 – 의미 전달이 정확해야 해요.

    ④ 평이성 – 대상을 이해하기 쉽게 쉬운 말로 써요.

    ⑤ 체계성 – 일정한 순서에 따라 질서를 갖추어 써요.

4. 설명문의 내용 전개 방식

    (= 여러 가지 설명 방법)

    ① 정의 : 뜻을 풀이하듯 정확히 설명함

| 보기 | '국어'는 한 나라의 국민이 공통으로 사용하는 언어다.

② 지정 : 대상을 손으로 가리켜 지정하며 설명함

| 보기 | 저기 노란 안경을 쓴 애가 내 동생이야.

③ 분류 : 대상을 일정한 기준에 따라 나누어 설명함

| 보기 | 시를 형식상으로 나누면 정형시와 자유시가 있다.

④ 분석 : 대상을 부분으로 쪼개며 설명함

| 보기 | 꽃은 꽃잎과 암술, 수술, 그리고 꽃받침으로 이루어져 있다.

⑤ 비교 : 둘 이상의 대상을 공통점이나 비슷한 점을 들어 설명함

| 보기 | 진달래는 봄을 알리는 꽃이고 개나리는 봄을 보여주는 꽃이다.

⑥ 대조 : 둘 이상의 대상을 반대나 차이점을 들어 설명함

| 보기 | 시는 운문 문학이고 소설은 산문 문학이다.

⑦ 예시 : 구체적인 예를 들어 설명함

| 보기 | 예를 들어 취미 활동으로는 등산, 자전거 타기, 수영 등이 있다.

⑧ 과정 : 변화하는 상황과 흐름을 단계별로 설명함

| 보기 | 라면 요리하는 법

5. 설명문을 대하는 태도

① 설명 대상에 주의하며 글 전체의 통일성을 파악하며 읽어요.

② 지시어와 접속어에 유의하며 읽어요.

③ 내용의 사실성과 객관성을 판단하며 읽어요.

② 논설문

1. 뜻 : 자신의 의견이나 주장을 논리적으로 내세우며 설득하는 글

2. 논설문의 구성

    ① 서론 : 문제 상황을 제시하고 글을 쓰는 목적을 밝힘

    ② 본론 : 타당한 근거를 들어 주장을 구체적으로 전개함

    ③ 결론 : 주장을 요약 강조하며 전망을 밝힘

3. 논설문의 진술 방식 3가지

    ① 주지 : 주장이 제시되어 있는 부분

    ② 예증 : 구제적인 예를 들어 주장을 증명하는 부분

    ③ 인용 : 권위자나 다른 사람의 견해를 제시하여 주장을

                뒷받침하는 부분

4. 논설문의 특징

    ① 주관성 – 글쓴이의 의견과 주장이 뚜렷이 나타나야 해요.

    ② 신뢰성 – 근거는 출처가 분명하고 믿을 만한 것이어야 해요.

    ③ 체계성 – '서론, 본론, 결론'에 따라 짜임새 있게 전개되어야 해요.

5. 논설문을 대하는 태도

① 각 문단의 중심 내용과 글의 주제를 파악해요.

② 주장과 그를 뒷받침하는 근거가 타당한지를 살펴요.

설명문과 논설문 비교하기
① 글의 목적 : 설명문의 목적은 이해, 논설문의 목적은 설득
② 설명문과 논설문은 지시적인 언어, 사전적인 언어를 사용해요.
  (함축적, 비유적 언어 사용 ×)
③ 설명문 쓰기는
  '계획하기-내용 생성하기(글감 찾기)-내용 조직하기-표현하기-
  고쳐 쓰기(퇴고)'순서로 써요.

기 본 연 습

아래 설명이 맞으면 ○, 아니면 ×표를 하세요.

1. 설명문은 주장이나 의견 없이 정보를 객관적으로 전달한다.(　　)

2. 논설문은 숨어 있는 내용을 추리하거나 상상하며 읽는다. (　　)

3. 설명문의 구성에서 대상에 대한 구체적인 설명은
   맺음말 부분에 집중한다. 　　　　　　　　　　　　(　　)

4. 논설문의 진술 방식에서 주장이 제시되어 있는 부분은
   '예증'이다. 　　　　　　　　　　　　　　　　　　(　　)

5. 대상을 손으로 가리키듯 정하여 설명하는 방법은
   '정의'이다.   (   )
6. 설명문의 목적은 이해이고 논설문의 목적은 설득이다.   (   )
7. 설명문을 읽을 때는 주장과 그를 뒷받침하는 근거가
   타당한지를 살핀다.   (   )
8. 논설문의 전개 방식으로는 '주지, 예증, 인용'이 있다.   (   )
9. 자전거 타는 법이나 라면 끓이는 법을 설명하는 방법은
   '과정'이다.   (   )
10. 논설문의 구성은 '서론–본론–결론'이다.   (   )

실 력 다 짐 ··

가. 다음 설명에서 □에 들어갈 알맞은 말은?

1. 시계는 시침, 분침, 초침으로 이루어져 있다. – 이런 설명 방법은
   □□이다.
2. 설명문은 독자들이 잘 □□할 수 있도록 쉬운 표현으로 쓴다.
3. 설명문에서 각 문단의 글의 내용이 하나의 주제로 모아지는 것을
   □□□이라고 한다.
4. 설명문은 '계획하기 – 내용 생성하기 – 내용 조직하기 –
   □□□□ – 고쳐 쓰기'순서로 쓴다.

5. 논설문은 글쓴이의 생각이나 의견, 즉 ☐☐이 뚜렷하게
나타나야 한다.

나. 아래 설명이 맞으면 ○, 아니면 ×표를 하세요.

1. 국가에서 공용어로 정한 말을 국어라고 한다. –
   이것의 설명 방법은 '정의'이다.   (   )
2. 설명문에서 대상을 구체적으로 설명하는 구성 단계는
   '중간(본문)'이다.   (   )
3. 논설문과 설명문은 둘 다 체계적이고 논리적이고
   실용적인 글이다.   (   )
4. 논설문에서 독자의 흥미를 유발하고 문제를 제기하는
   구성 단계는 '서론'이다.   (   )
5. 논설문에서는 글쓴이의 주관적인 생각이
   그대로 드러난다.   (   )

마중물 2

🙂 **단단** 〉 헐헐, 그러고 보니 '정의'가 맞는 것 같네. 내가 왜 저 생각을 진작에 못 했을꼬? 나는 왜 한 박자가 자꾸 늦는 거지? 선생님, 공부 잘하고 못 하고의 차이는 문제를 푸는 시간과 속도에 달려 있는 건가요?

🙂 **영영** 〉 어머머, 애는 무슨 이상한 소리를 하고 있어. 엉뚱하긴 참 엉뚱하네. 거기 시간과 속도 이야기가 왜 나오니 글쎄?

🙂 **해마루** 〉 하하하, 아니 단단의 말에도 일리가 있어. 한 걸음 늦다 뿐이지 공부 완성도가 단단이 상당히 높아. 지금까지 배운 건 죄다 이해하고 있잖아? 공부머리가 늦되어 그래. 앞으로 열심히 하다 보면 모든 게 다 좋아질 거라고 믿어.

　그러면 이제 우리가 '실용문'의 가치와 쓸모를 따져볼 준비가 다 된 거 맞지?

　실용문의 빛을 찾아서~다함께 출발!

🙂 **단단** 〉 아유 선생님, 아까부터 제가 숨넘어가겠어요.

빨리 좀 실용문 공부를 가르쳐 주시면 안 될까요?

해마루 > 하하하 단단아, 조금만 기다려라. 요리를 하더라도 순서가 있고 노는 일에도 차례가 있는 법이지. '찬 물도 순서가 있다잖아.' 무언가 하다보면 빠를 수도 있고 늦을 수도 있는 거야. 참고 기다리는 게 중요해. 참는 게 바른 인성이 되는 거지.

우리가 살면서 때로 참는다는 게 그저 인내심을 무작정 기른다는 게 아니야. 잘 참는게 훌륭한 지혜이고 참다운 용기일 수도 있거든. 참는 게 공부고 잘 참는 게 좋은 공부야. 에고공, 내 잔소리가 또 길어졌네. 미안 미안.

영영 > 잘 참는 것도 공부가 되는군요. 이런 게 바로 인성 공부이면서 인생 공부인 거죠?

해마루 > 하하하 그래 그렇지. 영영은 늘품성이 아주 좋거든. 발전 가능성이 부쩍 크단 말이야. 단단이한테도 이런 걸 잘 가르쳐 주렴.

③ 보고서

바탕 다지기

1. 뜻 : 어떤 주제에 대해 조사, 관찰, 실험한 결과를 체계적으로
   정리한 글

2. 보고서의 구성
   ① 처음 : 보고서의 동기나 목적, 그리고 작성 계획을 밝힘
   ② 가운데 : 보고할 내용을 정리하고 결과를 제시함
   ③ 끝 : 보고서의 핵심을 요약하고 조사자의 의견이나
      소감을 밝힘

3. 보고서를 쓰는 차례 및 방법
   ① 계획 수립 : 보고의 목적, 대상, 필요성, 기간, 방법,
      조사 참가자 등을 결정
   ② 자료 수집 : 답사, 실험, 관찰, 조사 등의 방법으로
      자료를 수집
   (백과사전, 인터넷 검색, 잡지 등의 다양한 매체를 활용하기도 해요.)
   ③ 자료 정리 및 해석 : 수집한 자료를 체계적으로 정리하고
      목적에 맞게 해석
   ④ 보고서 작성 : 조사의 목적을 고려하여 보고서를 작성

4. 보고서의 구성 요소

    – 제목

    – 목적 및 필요성

    – 조사 기간

    – 조사 대상

    – 조사 방법

    – 조사 내용의 분석 및 결과

5. 보고서 작성의 바른 태도

    ① 정확하고 객관적인 사실에 근거해서 써요.

    ② 도표나 그림 등을 활용하면 더욱 효과적이에요.

    ③ 조사, 관찰, 실험의 절차와 결과가 잘 드러나도록 써요.

    ④ 사실과 의견을 구분하고, 간결하고 명확하게 표현해요.

    ⑤ 참고 자료의 출처나 도움을 준 이를 밝혀요.

4 기사문

바탕 다지기

1. 뜻 : 사실을 정확하고 신속하게 알리는 글

2. 기사문의 구성(형식)

　　① 표제 : 기사 내용을 압축한 큰 제목

　　② 부제 : 표제를 보충하는 작은 제목

　　③ 전문 : 기사의 내용을 요약하여 서술한 부분

　　④ 본문 : 기사의 내용을 구체적으로 서술한 부분

　　⑤ 해설 : 독자의 이해를 돕기 위해 덧붙인 전망,

　　　　　평가 등(기사문의 필수 부분은 아님)

3. 기사문의 종류

　　① 보도 기사 : 직접 취재한 내용을 작성('스트레이트 뉴스'라고 함)

　　② 해설 기사 : 독자의 이해를 돕기 위해 사건의 원인과 동기,

　　　　　해결 방안이나 전망을 설명

　　③ 기획 기사 : 사회적 쟁점이 되고 있는 사건이나 문제 등을

　　　　　심층 취재하여 쓴 기사

　　④ 대담(인터뷰) 기사 : 특정 인물을 직접 만나 대화한 내용을

　　　　　쓴 기사

4. 기사문의 특징

　　① 정확성 – 정확한 사실을 써요.

　　② 공정성 – 치우침 없이 공정하게 써요.

　　③ 객관성 – 사실을 육하원칙에 따라 있는 그대로 써요.

　　④ 신속성 – 사실이나 정보를 빠르게 전달해요.

　　⑤ 보도성 – 사실이나 정보를 대중에게 전달하고 알려요.

5. 기사문 작성의 바른 태도

　　① 육하원칙(5W1H)에 따라 기사를 작성해요.

　　　– 누가, 언제, 어디서, 무엇을, 어떻게, 왜

　　② 도표나 사진, 그림 등을 이용하여 독자의 이해를 도와요.

5 광고문

 바탕 다지기

1. 뜻 : 정보를 제공하여 사람들의 생각과 행동을 원하는 대로
   유도하는 글

2. 광고문의 구성
   ① 표제 : 핵심 내용을 명확하게 드러냄
   ② 본문 : 표제의 압축 내용을 상세하게 설명함
   　　　　(사진, 도표, 그림 등을 이용해서 광고 효과를 높이기도 함)

3. 광고문의 종류
   (1) 알리는 대상에 따라(= 광고의 종류)
   　　① 공익 광고 : 공공의 문제에 대한 관심과 해결을 위한 광고
   　　② 상업 광고 : 상품을 구입하도록 유도하는 광고
   　　③ 기업 광고 : 기업에 대해 좋은 이미지를 선전하는 광고

   (2) 광고를 전하는 매체에 따라
   　　① 인쇄 광고 : 신문, 잡지, 책 등
   　　② 라디오 광고 : 라디오에서 하는 광고
   　　③ 텔레비전 광고 : 텔레비전에서 하는 광고

④ 인터넷 광고 : 홈페이지, 배너 등

⑤ 옥외 광고 : 길가의 현수막, 간판, 옥상이나 지하철,

　　　　　　건물 등의 광고

4. 광고문의 특징

① 광고 대상에 대한 정보를 제공해요.

② 독자들을 특정한 생각이나 행동으로 유도해요.

③ 참신한 표현과 독특한 구성으로 사람들의 관심을 끌어요.

5. 광고문을 대하는 바른 태도

① 과장이나 허위가 없어야 해요.

② 참신한 표현과 독특한 구성이 필요해요.

③ 그림이나 사진, 도표 등의 보조 자료를 이용해요.

해마루톡톡

광고의 표현 방법
　– 언어, 이미지(그림, 영상 등), 배경 음악, 음향 효과 등을 이용해요.

아래 설명이 맞으면 ○, 아니면 ×표를 하세요.

1. 보고서 자료는 주제에 관계없는 것도 많이
   수집하는 게 좋다.   (   )
2. 기사문은 사실을 육하원칙에 따라 주관적으로 기록한다. (   )
3. 직접 취재한 내용을 기초로 하여 작성한 기사가
   '보도 기사'이다.   (   )
4. 논설문은 사실과 의견을 구분하며 읽어야 한다.   (   )
5. 광고문은 평범하고 일상적인 표현을 사용하는 게 좋다. (   )
6. 광고문은 설득의 효과를 높이기 위해 내용을 과장한다. (   )
7. 기사문은 육하원칙에 따라 작성되었는지를 살핀다.   (   )
8. 기사문의 구성에서 전망, 평가 등의 '해설'은 꼭 필요하다. (   )
9. 보고서는 어떤 주제에 대해 조사, 관찰, 실험한 결과를
   정리하여 전달하는 글이다.   (   )
10. 기사문은 정보를 신속하고 정확하게 전달하는 것을
    목적으로 한다.   (   )

가. 다음 설명에서 □에 들어갈 알맞은 말은?

1. 사회적 쟁점이 되고 있는 사건이나 문제 등을 심층 취재하여 쓴 기사가 □□ 기사이다.

2. □□ 기사는 특정 인물을 만나 대화한 내용을 쓴 기사이며, □□□ 기사라고도 한다.

3. 육하원칙은 '□□, 언제, 어디서, 무엇을, □□□, 왜'이다.

4. 기사문의 형식에서 기사의 내용을 요약하여 서술한 부분이 □□이다.

5. 광고의 종류는 □□ 광고, 상업 광고, □□ 광고가 있다.

나. 밑줄 친 부분이 틀렸으면 바르게 고치세요.

1. 기사문의 형식에서 기사의 내용을 구체적으로 자세히 드러낸 부분은 '전문'이다.

2. 광고문의 형식은 크게 표제와 본문이다.

3. 기사문의 특징은 정확성, 신속성, 공정성 외에 객관성과 보도성이 있어야 한다.

4. 보고서에서 조사자의 의견이나 소감은 처음 부분에 간단히 제시한다.

5. 기사문은 육하원칙에 따라 작성해야 한다.

7 창작의 즐거움

– 문학의 꽃을 피우다

마중물

 **해마루** 〉 국어 공부의 꽃은 문학 창작이야. 문학 창작은 이 세상 행복 체험의 고갱이와 같은 것이지. 가령 우리가 시를 쓰면서 느끼는 마음—자잘한 일상에서 매양 느꺼워하는 그 마음이 바로 행복의 씨앗이거든.

단단 〉 선생님, 그러면 시를 쓰면 행복해지나요?

해마루 〉 그렇다마다. 시를 쓰려고 할 때 먼저 우리가 마음을 가다듬잖아. 자신의 내면을 고요히 들여다보고 그 중에서 깨끗한 마음, 아름다운 마음, 빛나는 마음, 향기로운 마음을 찾게 되거든. 이럴 때 사람은 놀랄 정도로 순수해지고 가장 여유롭고 가장 넉넉해져. 한마디로 행복해지지.

영영 〉 선생님, 가령 시의 생명은 압축인데 압축하기가 힘들어요. 골치 아프고 힘들어요. 시 쓰기가 꼭 즐거운 게 아니에요. 어떻게 하면 글쓰기가 즐거울 수 있을까요? 선생님만의 비결이 있나요?

단단 > 헤헤헤 비결이 무어 있겠어? 그냥 도전하는 거지.

문학 창작은 몽땅 제게 맡기세요. 해보자구요.

해마루 > 하하하 단단이가 씩씩하구나. 그래 용감하게 도전해 보는 거야. 글쓰기는 실천이지.

그러지 않아도 이곳에 〈해마루 창작 교실〉을 만들어 두었거든. 우리가 함께 가서 창작 활동을 열심히 한번 해 볼거나! 창작의 즐거움을 찾아~ 출발!

① 나만의 격언

격언 : 사리에 꼭 들어맞고 본보기가 될 만한 귀중한 내용을 담은 짧은 어구

|보기| 사람은 자연 보호, 자연은 사람 보호

인생은 짧고 예술은 길다.

– 나만의 격언을 만들어 봅시다.

자기의 생각이나 느낌 또는 깨달음을 한 줄의 표현으로 나타 내볼까요?

자기가 표현할 수 있는 가장 세련된 표현, 가장 멋진 표현이 될 수 있도록 정성과 능력을 다하기 바랍니다.

– 정성을 다하면 인격이 향기로운 사람이 되고 능력을 다하면 실 력자가 됩니다.

말랑말랑한 감성과 삶의 지혜가 만나는 지점에 격언이 자리 잡고 있어요.

격언은 멋진 광고 말이며 가슴에 새기는 명언과 같은 것이 아 닐까요?

- (실패) 실패는 다시 하라는 명령이다.
- (사람) 사람이란 힘들수록 더욱 진화하는 동물이다.
- (시간) 시간은 누구도 속이지 않는다. 존경해야 할 대상이다.
- (나) 나 자신을 이기면 새로운 세계가 보인다.
- (노력) 어려움을 겪어내야만 쉬움이 열린다.
- (희생) 희생은 그림자이다. 우리 뒤에는 언제나 그림자가 있다.
- (삶) 자신의 삶에 최선을 다할 때 인생은 아름답게 빛난다.
- (사랑) 사람의 감정 중에 사랑이라는 게 있기에 체온이 36.5도이다.
- (친구) 친구는 잠시나마 나의 수준을 올려주는 책과 같은 존재이다.
- (오늘) 아무리 태어난 날이 기쁘다 해도 어제를 만들어준
  오늘이 나는 가장 행복한 날이다.

해마루 창작교실

ㅣ – 다음을 주제로 하여 멋진 격언을 한번 만들어볼까요?

(청소년)

----

② 고독 시 쓰기

– 인간은 왜 고독한지, 고독해야만 하는지를 생각해 보는 시간입니다. 인간이 고독하게 살아가는 이유를, 그리고 고독한 순간이 나에게 어떤 의미를 가지게 되는지를 정리해 볼까요? 인생은 고독을 거느리고 용감하게 전진합니다. 진정 고독할 줄 알아야 정녕코 자신을 사랑할 줄 알게 됩니다. 첨단 기계 문명 시대에 고독을 느낀다는 것은 생활의 속도에서 잠시 짬을 내어 자신과 주변을 돌아보는 기회를 갖게 된다는 뜻입니다.

– '고독'을 주제로 한 편의 시를 써 봅시다. '고독'의 아름다움과 '고독'의 빛남을 찾아가는, 오래 묵혀둔 낭만의 여행을 지금 떠나가 볼까요?

보기 ··

1.
우리의 생각과
마음을 어지럽히는

고독은 우리를
헝클어지게 하네

실이 마구 놓여
꼬인 것처럼

2.
삶은 고독의 연속

고독 없이 살고 싶어도
마음 한 구석에서
꼬부라진 염소 수염처럼
고독이 나의 온 마음을
휘감는다.

고통의 연속
피하고 싶어도 피할 수 없다

3.
아침 햇빛 어리는
한 방울 이슬처럼

하늘 위로 날아가는
한 알의 구슬처럼
살그머니 다가와서

나 모르게 사라지는

혼자 있기에 빛나는 걸
고독으로 말하고 싶다

맑음과 기쁨으로
사라지는 그 모습은

얼마나 아름다운
한 폭의 그림인가

해마루 창작 교실

- 고독을 주제로 하여 짧은 시를 한번 써볼까요?

(고독)

③ 부릉부릉~1분 쓰기

- 글쓰기를 즐기세요.
- 지금은 SNS 시대. 소통과 유통의 시대입니다.
  거침없는 글쓰기의 시대입니다.
  1분 쓰기로 막힌 가슴을 시원하게 한 번 뚫어볼까요?

(멈춤 없이 계속 쓰는 게 중요함. 생각이 막히면 '모르겠다.'를 쓰고 계속~)

 보기 ....

1.

(개미)

개미 개미 개미. 집단생활을 하는 대표적인 동물. 여왕개미가 짱이고 병정개미가 있고 일꾼개미가 있다. 땅 밑 집에서 무슨 일이 있는지를 우리는 모른다. 모르겠다 모르겠다.

개미는 개의 아름다움인가? ㅋ 너무 이름이 이상하다. 개미는 조그마하다. 난 어릴 때 이 세상에서 개미가 제일 작은 생물인 줄 알았다. 이제 보니 아니다.

눈에 보이지 않는 세상도 있다는 것을 나는 그 때 미처 몰랐다. 과학 소설. 개미 책도 재미있었다.

2.

(음악 선생님)

우리 음악 선생님은 ○○○선생님이다. 처음 3학년이 되어 그 선생님이 우리 음악을 가르친다고 하여 난 무척 떨렸다. 그 이유는 호랑이 선생님이라고 소문이 났기 때문이다. 하지만 전혀 그렇지 않았다. 처음 복도에서 줄을 설 때만 무서웠다.

수업 시간이 되면 우리들이 삶을 어떻게 살아야 할지 인생에 대한 이야기를 자주 하신다. 가끔 그때는 선생님이 우리의 가치관을 잡아주는 표지판이 되시는 것 같다.

3.

(국어 시간)

국어 시간에는 ○○○선생님께서 들어오신다. 그 선생님의 국어 수업은 흥미 있다. 전에 1학년 때의 국어 수업은 딱딱해서 싫었는데 이번 2학년 때는 국어 수업이 재미있다. 사실, 내가 바라는 국어 수업이란 바로 이런 것이었다.

자신의 머릿속의 상상의 나래를 펴고 그것을 표현할 수 있는 것 말이다. 그래서 나는 국어 수업을 통해 '경자'라는 별명도 가지게 되어 많은 즐거움을 느꼈다.

해마루 창작교실

- 1분 쓰기를 한번 해 볼까요?
  주제는 '시계' ~ 시작!

(시계)

----

4 생활 이야기 만들기

- 자신의 미래 모습을 생활 이야기로 만들어 써 봅시다. 자신의 꿈이 구체화되고 현실화되는 독특하고 가치 있는 체험이 될 것입니다. 각자의 꿈속으로 뛰어듭시다. 오래 된 미래 속으로 몸을 던져 볼까요? 풍덩~

" 원균 씨의 하루 "

　따뜻한 햇살이 커다란 창문을 통해 나를 붉은 빛으로 깨운다. 나는 그 햇빛에 감사하고 누워 있는 잠자리에 감사하는 한 문학가이다. 어릴 적부터 하고 싶었던 글쓰기가 이젠 나와 평생을 같이 하게 되었다. 꿈도 많았던 나는 불안정한 청소년기를 거쳐 하나의 꿈을 향해 노력하게 되었다. 내가 또 바라는 더 큰 꿈은 내 글로 인해 세상 사람들이 순수하게 세상을 보고 꿈을 가지게 하는 것이다.

　아직 나는 젊지만 매순간을 나이든 노인네처럼 사물, 사람, 상황을 관찰한다. 오늘도 눈 감고 햇빛을 볼 때, 붉은 빛이 눈 안을 감싸는 것에서 부모님의 사랑과 연관시켜 생각해 보았다. 나는 어설픈 문학가이면서 글을 쓰는 사람들을 모아 '하나 글'이라는 문학청년단체를 만들었다. 벤처 기업에 가까운 것이라고 볼 수 있다. 우리는 이미

대학교를 비롯하여 방송사 등 각종 글 대회에서 많은 입상을 하였다. 나는 우리 문학 벤처 사업이 성공할 것이라고 믿고 있다. 인터넷상에서도 우리 단체를 찾는 사람들이 점차 증가하고 있다.

　오늘은 같이 일하는 사람들과 시골에 가기로 하였다. 아름다운 시 한 편을 적어보기 위해서이다. 우리 앞에서 힘겹게 짐을 들고 가시는 할머니를 외면할 수 없어, 할머니를 따라 집안 청소도 하고 밭일도 해 드렸다. 이마에 흐르는 땀이 크리스마스에 하얗게 떨어지는 눈처럼 고귀하고 기쁘게 보였다.

　집으로 돌아와 나는 생각했다. 오늘 한 나의 행동은 곧 글 쓰는 것이라고. 힘들게 이삿짐을 옮기는 아저씨, 여름철에 찌는 차 안에서 운전을 하는 기사 아저씨… 이 모든 분들이 글을 쓰고 있는 것이다.

해마루 창작교실

- 자신의 생활 이야기를 짧게 한번 써 볼까요?
  미래 생활은 물론 현재와 과거의 이야기도 가능합니다.

⑤ 낱말 조각으로 시 쓰기

– 낱말을 몇 개 모아 놓고 그것을 활용하여 시를 써 봅시다.
– 시 쓰는 일에 어려움을 겪는다면, 이것이 하나의 해결책이 될 수도
  있습니다. 생각을 모자이크처럼 짜맞추어가는 재미와 즐거움이
  있습니다. 흩어진 별들을 재주껏 모아서 자신만의 별자리를
  만들어 볼까요?

보기

낱말 조각 : 해바라기, 약속, 찬란한, 유리창, 통통거리다, 구름,
　　　　　　미소, 밤하늘

　　　　　　(낱말 변형이 가능해요 – 가령, 통통거리다 → 텅통거리는)

1.　　　"친구"

밤하늘 어느 날
어릴 적 친구의 찬란한 웃음소리가
종소리처럼 머리에 울린다.
공을 가지고 통통거리다
유리창을 깼던 기억이 떠오른다.
구름 같이 몽실몽실 피어오르는 친구의 미소

언젠가 해바라기 피는 날
그곳에서 다시 만나자던 약속

2.   " 달뜬 밤 "

유리창 밖으로
달을 보면서
나는 생각한다.

달이 달빛으로
온 세상을 환하게 하듯이
나의 뜨거운 마음으로
온 세상을 환하게 만들겠다고

해바라기도 미소 지으며
나를 응원한다.

해마루 창작교실

- 아래 낱말 조각으로 시를 한 번 써 볼까요? (낱말 변형이 가능함)
낱말 조각 : 눈부신, 기우뚱, 부끄럽게, 분수대, 슬며시, 미소, 아롱다롱

6 수필 쓰기

– '내가 사랑하는 생활'이라는 제목으로 짤막하게 글을 써 봅시다.
– 이 글쓰기를 통해 자기가 진정으로 바라는 생활이 어떤 것인지를
   분명하게 깨달을 수 있어요.
   아름답고 낭만적인 생각과 표현을 다듬으면서 우리들은 자신의
   내면세계를 곱게 여밀 수 있게 되지요.

 보기 ....

   1.

   나는 저 하늘을 훨훨 날아다니는 새를 좋아한다. 나도 저 하늘을
새와 같이 날고 싶다. 나는 책을 좋아한다. 우리가 책을 읽으면 상상
력도 풍부해진다. 나는 대한민국 국민과 우리나라 시민들을 좋아한
다. 그들은 우리나라를 꾸며나간다.
   나는 깊은 산 속 맑은 공기를 좋아한다. 우리는 이 도시에 살아가
지만 산 속에 있는 맑은 공기가 좋다. 서늘한 기운과 살아갔으면, 그
리고 산 속에 있는 식물 동물들을 좋아한다. 동물과 식물도 하나의
생명이다. 나는 나의 몸을 좋아한다. 나의 몸을 자신이 지키지 않으
면 누가 자신의 몸을 지켜줄까?
   나는 이 세상을 좋아한다. 이렇게 잘 살 수 있는 이 세상이 참
좋다.

2.

나는 아무것도 없는 곳에서 살아가고 싶다. 그렇다고 완전한 무는 싫다. 그건 그저 인생을 비참히 만들 뿐이다. 난 오직 무념의 세계에서 살아가고 싶다. 때때로 세상 사는 일이 후회되고 힘겨울 때 나는 휴식과 취미활동이라는 의미 없는 행동에 나를 맡기며 쉬곤 한다. 역시 어쩔 수 없는 걸까. 아닌 걸 알면서도 난 내 몸을 무료하고 쓸쓸한 이 일상에 맡긴 채 오늘도 죽어서 산다.

사랑하는 삶이란 뭘까? 뭐가 진정 좋은 것일까? 난 그저 그렇게 오늘도 답이 없는 의문으로 시간을 축내고 있다. 아무래도 아침부터 밤까지가 짧게 느껴질 때가 좋은 생활일 거라 생각해 본다.

오늘도 해는 져가고 미완성의 나의 사랑하는 생활은 지나가는 시간을 벗 삼아 나아가고 있다.

3.

나는 어쩌다 한 번씩 이른 아침에 보는 창문 틈 밖에서 엷게 비치는 새벽의 여명을 좋아한다. 때때로 보이는 푸르른 산과 그 위를 넘나드는 하얀 뭉게구름을 나는 좋아한다. 내가 씨앗 때부터 기르고 키워온 지금 꽃이 한창인 봉숭아와 다시 생명을 움튼 아버지의 소철을 좋아한다.

나는 검게 물든 건강한 흙과 함께 살고 싶다. 걱정 없이 그저 소박하게 살고 싶다. 산이 있고 봄에는 새싹과 살고 여름에는 나무들과 살고 가을에는 곱게 물든 잎들과 백제 삼천 궁녀와 같이 몸 던지는 낙엽과 살며, 흰 서리가 끼이고 하이얀 눈이 내려 백합이 피어가는 겨울과 살고 싶다.

나는 소망과 살고 싶다. 나는 소망을 이루고 살고 싶다. 나는 역사와 함께 살고 싶다. 푸르른 강물의 한을 담은 역사와 살고 싶다. 하늘을 보며 살고 싶지는 않다. 땅을 보고 내가 결코 위를 보고만 사는 사람이 아니라는 것을 보이고 싶다.

난 목표를 가지지만 목표가 없는 삶을 살고 싶다. 난 이 어리석음을 가지고 살고 싶다. 어리석음의 수풀 속에 희망이라는 가족과 소망이라는 집을 짓고 책 속에 들어가서 살고 싶다. 아니 언젠가 그 책 속의 글들을 찾아가고 싶다. 나는 인생을 초월하는 자연이 되고 싶다. 흩날리는 꽃이 아닌 가로지르는 바람이 되고 싶다.

4.

봄이면 나는 따뜻함을 즐기려 돌아다닌다. 화사한 옷들이 밀어내는 차가운 기운들을 보며 웃음을 지어보는 것을 원한다. 4월의 잔인함을 느껴보고 나 자신이 그 느낌을 사람들에게 전하고자 한다. 새싹이 돋아나듯 흐뭇한 꿈속을 사랑해서 나오기 싫을 정도의 잠을 사랑한다. 그리고 여름이면 파란 나무들이 소리 내어 웃는 길을 걷기를 좋아한다. 불속처럼 뜨거운 햇살을 칼로 베듯 시원스레 내려오는 빗줄기를 동경하며, 뜨거웠던 연인들의 열기를 더욱 달아오르게 하는 작은 햇살을 보며 차가운 나의 마음을 녹여줄 나의 두 눈을 좋아한다. 그런 아름다운 햇빛을 볼 수 있는 두 눈에 대한 애정을 영원히 가지길 원하며, 즐겁게 뛰어놀던 동물의 행복감처럼 제일 소중한 기쁨이 되는 웃음을 짓는 이들의 땀 냄새를 향기롭게 맡을 수 있는 사람이 되고 싶다.

가을이면 부서지고 탈색된 낙엽을 밟으며 오색의 산을 바라보고 싶고 점점 두꺼워져가는 사람들의 옷 속 새로운 향기를 사랑하고 싶다. 연인이 되어 그의 눈물을 닦아주는 것을 해보고 싶으며 새로운 인연을 축하해주는 마음이 하늘처럼 높아져 눈 속이 맑아지길 원한다. 싸늘한 길 위로 낙엽이 앉을 무렵 땀을 흘리며 곡식을 거두어들이는 농부의 활기를 가슴 속에 담아보고 싶고, 겨울이 되면 맑은 눈송이의 차가움이 아닌 포근함을 나의 사랑스런 친구들에게 던져보고 싶고 차가움이 아닌 포근함이 나를 덮어 추운 겨울을 사랑해보길 원한다. 낭만적인 사랑을 해보고 싶고 아플 만큼 시린 이별도 꿈꾸며 세상이 눈으로 포근히 덮이는 날, 생을 마감하고픈 아름다운 죽음을 꿈꾼다. 그리고 사계절 모두 사랑하고 즐기는 노인으로 살다가 사람들이 날 알아봐주는 인생을 살며 세상과 헤어지길 바란다.

5.

나는 땡볕에 있는 한 그루의 나무 아래에서 쉬기를 좋아한다. 큰 나무는 나의 육체를 보다 편히 쉬도록 하지만, 작은 나무는 내 정서를 더욱 편히 쉬도록 해 준다. 나는 지겨운 도시 생활의 같은 리듬보다 자연과 숨 쉴 수 있는 산골이 좋다.

또한 나는 긴 방학보다도 하루 쉴 수 있는 공휴일을 좋아한다. 이 공휴일이 나를 살게 해 줄 활력소 역할을 해준다. 나는 황폐한 도시를 방황하는 비둘기보다 자연을 누비는 백로와 같이 숨쉬기를 좋아한다.

나는 개성을 사랑한다. 누구나 다 가지고 있는 평범함보다 자기 자신의 특별함을 가지고 있는 개성이 좋다. 나는 평범한 1년, 아니 100년보다 조금이라도 행복한 1분을 살기를 좋아한다.

해마루 창작 교실

- '내가 사랑하는 생활'이라는 제목으로 짤막하게 글을 써 볼까요?

7 한 줄 독후감 쓰기

– 책을 읽고 나서 자기 생각이나 느낌 또는 깨달음을 한 줄로
  표현해 봅시다.

황순원의 '소나기'를 읽고 ---

(사랑)   • 첫사랑이란 생애 한 번 오고는 다시 오지 않는
         시간과 같은 것이다.

         • 사랑은 소나기처럼 언제 찾아올지 모른다.

         • 소나기는 소녀의 죽음을 예견한 눈물이었다.

         • 사랑할 때 내리는 소나기는 큐피트의 화살이다.

(비극)   사랑은 아름다우나 그 속에는 비극과 반전이 들어 있다.

(인생)   사랑이 있기에 인생은 달콤하다.

해마루 창작교실

─ 최근에 읽은 책 한권으로 한줄 독후감을 써 볼까요?
　멋지게, 세련되게, 아름답게, 자신의 개성이 돋보이도록 말입니다.
　개성의 표현이 곧 지극한 생활 예술입니다.

8 낱말 조각으로 소설 쓰기

– 낱말을 몇 개 던져 놓고 그것을 바탕으로
  연상의 가지를 펼쳐가며 소설을 한번 지어 볼까요?

|낱말 조각| – 우주인, 무지개, 시계, 거울, 선풍기, 전화, 비, 칠판, 달력

〈노빈손과 미궁의 크로스로드〉

내 이름은 노빈손이다. 이름에서 알 수 있듯 빈손이 아니다. 오랜만에 한국에 돌아왔다. 어째서인지 뭘 타기만하면 이상한 데로 흘러가더군. 도대체 무슨 귀신이 붙었는지…

오랜만에 앞마당에서 낮잠을 잤다. 얼마 후 깨어났다.

처음 보는 배경. 다시 둘러보았다.

몸통이 입술뿐인 엽기적인 우주인이 있었다. 헉, 이게 웬일이래. 난 앞마당에서 자고 있었는데… 그 이상한 우주인이 말하기를…

" 어느 날 전화로 신탁이 내려졌어요. 신탁을 해결하기 위해선 빈손 씨가 필요했어요. 빛의 신의 노여움을 사서 빛을 거둬 가고 우릴 이렇게 만들었어요. "

칠판에 열심히 써가며 떠들었다.

'안타깝지만 이미 끌려온 것, 실력 발휘해 봐야지.'

그 외계인이 사는 곳에는 미궁이 있는데 그곳에 있는 무지개 거울을 찾아와야 했다… 쿵…

'역시' 우려했던 일이 터졌다. 우주선이 추락했다. 운도 없지.

이곳은 미궁. 여기가 저기 같고 저기가 여기 같았다. 한참을 걸어가다 보니 바람이 불어왔다. 점점 바람이 세져가고 있다. 획 – 거대한 선풍기가 있었다. 헉, 이걸 어째. 두리번두리번 거리다 보니 전기코드가 있었다. 전기 코드를 뽑으니까 선풍기가 꺼지면서 새로운 미궁이 만들어졌다. (다음에 계속)

| 낱말 조각 | – 암탉, 탄생, 먹구름, 처녀, 자전거. 꿈, 가로수, 떠드는, 연기,

〈 꿈 〉

밤이 지나고 새벽녘 굴뚝에서는 벌써부터 연기가 나고 있다. 해가 떠오르며 떠들어대는 저 닭들과 알을 낳은 암탉들. 대개는 우리 가족들의 아침 식사가 되지만 가끔씩은 아기 병아리의 탄생을 위해 하루 정도는 먹지 않을 때도 있다. 대략 앞의 내용을 봐서 알겠지만 시골 마을의 가난한 농부의 집이 떠오를 것이다. 어느 날이었다. 며칠 전까지만 해도 먹구름이 잔뜩 끼여 있었는데, 오늘은 웬일인지 화창했다.

오랜만에 날이 좋아 도로가에서 자전거를 타고 있었는데, 웬 누더기 옷을 입고 처녀로 보이는 여자가 나에게로 걸어왔다. 그 처녀는 안색도 좋지 않았으며 며칠을 굶은 듯 얼굴이 광대뼈가 튀어나올 듯해서 보기에 안쓰러웠다. 무슨 일인지는 몰라도 나는 집으로 데려와 어머니의 옷과 먹을 것을 줬다. 일주일 정도 우리 집에서 눌러 살던 그녀의 이름은 알 수 없었지만 처음 봤을 때보다 얼굴에 혈색도 좋아지고 볼 살도 생겨 훨씬 나아졌다.

그녀는 얼마 전에 근처 나라에서 생긴 전쟁터에서 간신히 목숨만 부지하여 살아남고 가족은 모두 잃었다고 한다. 할 수없이 우리 가족이 되어 함께 살게 되었고, 그녀는 건강을 되찾아가며 밭일도 도왔다. 세월이 흘러 다음 해 씨를 뿌릴 때 높은 들에 농사를 지으라고 하였다. 그 해 마을 홍수가 났을 때 대부분의 농가에서는 침수 피해를 입었다. 다행히 우리 집은 그 피해를 피했다. 다음 해도 그 다음 해도 그녀가 지정한 곳에 농사를 지으니 매해 풍년이었다. 행복한 날들이 계속되던 어느 날 그녀는 사라졌다. 나는 그녀를 찾아 다녔다. 하지만 어디에서도 그녀를 찾아볼 수 없었다. 그녀를 찾는데 지친 나는 물을 마시기 위해 물 컵을 들었다. 한 쪽지가 있었다. 거기에는 놀랄 만한 내용이 적혀 있었다.

– 쪽지 –

저는 본디 천계에서는 천사였으나 하느님의 노여움을 사 지상으로 내려오게 되었습니다. 하지만 하느님이 절 불쌍히 여겨 저에게 은혜를 베푼 사람에게 은혜를 갚으면 다시 천계로 돌아올 수 있게 하겠다고 하셨습니다. 그래서 저는 당신에게 은혜를 갚고 돌아갑니다.

쪽지를 다 읽은 순간 나는 깨어났다. 모든 것이 꿈이었던 것 같다. 하지만 아주 생생했다. 해는 중천에 떠 있었고 화창한 날씨였다. 나는 꿈인가 생시인가 하며 일하러 갔다.

해마루 창작교실

> 낱말 조각 : 수업 , 사춘기, 토요일, 눈물, 유혹, 그림, 지갑, 콧노래
> – 낱말 조각을 활용하여 짧은 소설을 써 볼까요?

⑨ 비유 연습

– 비유 표현은 가장 빛나는 문학적 표현입니다.
– 참신한 비유는 아침보다 상쾌하고 봄꽃보다 아름답지요.
  비유는 사물과 사물을 자유롭게 결합하는 상상력에서 꽃이 핍니다.

보기 ···

(시험)

• 내가 오기를 기다리는 멋진 친구이다.

• 시험은 홀랑 벗은 맨몸으로 등산하는 것과 같다. 한 과
  목씩 공부할 때마다 속옷과 겉옷, 옷가지가 하나씩 생
  겨나서 부끄러움이 가려지고, 자신 있게 자신을 세상
  에 드러낼 수 있게 된다.

• 시험은 맑은 하늘에 갑작스레 몰려오는 먹구름이다.

• 시험은 여자의 생리와 같다.
  고통스럽지만 주기적으로 겪어야 하는 삶의 과정이다.

• 시험은 자신이 지고 가는 무거운 짐이다.

그러나 그 짐의 무게를 정하는 것은 자신의 노력이다.

• 시험은 나를 확인하는, 커다란 종이 거울이다.

• 시험은 절벽이다. 우리는 살기 위해 절벽을 오른다.

해마루 창작 교실

다음을 비유로 표현해 볼까요?
비유는 새로운 시선, 새로운 생각, 새로운 즐거움입니다.
　　　　---- 친구

⑩ 가나다~시 쓰기

– '가나다~'차례대로 운자에 맞추어 다행시를 써 볼까요?
  이때 다행시(多行詩)는 저절로 14행의 시가 되지요.
– '가나다 시'는 호흡이 길기 때문에 긴장미를 잃지 않도록 시의
  흐름을 잘 잡는 게 아주 중요합니다.

〈 나무 〉

  가 : 가지가 나무에 많은 이유는

  나 : 나무는 너그럽기 때문입니다.

  다 : 다 받아주는 착한 나무

  라 : 라이터는 무서워하지만

  마 : 마음만은 굳센 나무

  바 : 바람이 불어도

  사 : 사람이 와서 도끼질을 해도

  아 : 아랑곳하지 않고 꿋꿋이 서 있는 나무

  자 : 자신은 있으나 오만하지 않고

  차 : 차갑지도 않은 마음

  카 : 카메라 한 폭에다 담을 수 없는 마음

  타 : 타악기 음악처럼 부드럽고

  파 : 파도처럼 굳센

  하 : 하늘만큼 아름다운 나무가 우리 마음속에도 있습니다.

〈 한 줌의 희망 〉

　가 : 가느다란 실 한 줄도

　나 : 나름대로 길이 있는데

　다 : 다양하고 무한하며

　라 : 라면같이 꼬불꼬불한 내 길엔

　마 : 마지막이 보이지 않는다.

　바 : 바로 이 순간을

　사 : 사랑하는 이에겐

　아 : 아지랑이처럼 피어나는 밝은 미래가 있을 것이니

　자 : 자신이 걸어가야 할 이 길을

　차 : 차를 타고 편히 가기보다는

　카 : 카메라 속에 비춰지는 껍데기를 중시하기보다는

　타 : 타인의 마음속에 영원히 남을 수 있는

　파 : 파란 한 줌의 희망이 되어

　하 : 하늘을 우러러 부끄럽지 않는 삶을 살 테다.

〈 꿈 〉

　가 : 가시 틈에서 피어나는 장미처럼

　나 : 나의 마음속에 피어나는 꽃도

　다 : 다시 피었으면 좋겠습니다.

　라 : 라이터에 타들어가는 종이처럼

　마 : 마음으로 무너져 버렸지만

바 : 바로 지금 이 순간

사 : 사랑하고 행복했던 날들이

아 : 아련히 떠오릅니다.

자 : 자유롭게 저 하늘을 날아다니는 새처럼

차 : 차갑게 얼어붙은 내 마음이

카 : 카스테라같이 부드럽게 녹아

타 : 타오르는 불꽃에서 날개를 펴는 불사조처럼

파 : 파랗고 넓은

하 : 하늘을 날고 싶습니다.

자기 나름의 멋과 맛을 살려 '가나다 시'를 한번 써 볼까요?
'가나다 시'는 다행시입니다.
다행시는 행이 많아서 다행시이며, 긴데도 잘 써지면 정말 다행이라서
다행시지요. ㅋㅋ

----

⑪ 공감 표현 – 사물의 꿈

- 특정한 사물로 변신하여 그의 말을 대신 들려주세요.

  자연물이나 동식물, 그리고 사물들은 그 동안 자기 말을 얼마나

  하고 싶었을까요?

  자랑하고 하소연하고 슬퍼하고 억울해 하는 온 마음을 여러분이

  따뜻한 가슴으로 대신 전달해 주기 바랍니다.

- 여기는 자연과 사물, 그들과 우리가 교감하고 공감하는

  소통의 공간입니다.

  사물의 꿈을 말하세요. 얍~변신하라.

 ·

1.   나는 (교과서)입니다.

세상에 처음 나와 어느 한 사람의 손에 들어간 교과서입니다. 나를 가지고 공부하는 모습이 보입니다. 나를 가진 학생은 내 몸에 줄을 긋습니다. 아픈데도 말 못하는 게 답답합니다. 때로는 긴 메모 때문에 내 몸은 타들어가는 듯합니다. 어느 날 줄도 없고 메모도 없는 교과서를 보았습니다. 정말 부러워 보입니다. 근데 선생님이 그 교과서를 보자 교과서 주인한테 화를 내십니다. 참 모를 일입니다.

몇 달이 흘러 교과서를 검사합니다. 나를 보던 선생님은 미소를 띠

면서 잘했다는 글을 씁니다. 내 몸은 참 아픈데... 나를 보는 나의 주인은 갑자기 기분이 좋아지나 봅니다. 나로서는 참으로 사람의 마음을 이해하지 못하겠습니다. 1년이 끝나고 나니 내 몸에 많은 메모와 구불구불한 주름살, 내 글자를 가둔 감옥 등등 참 많이도 내 몸을 아프게 했습니다. 그리고 며칠이 지나 나는 어딘지 모르게 자루에 실립니다. 주인이 표시한 것들을 보며 왠지 모를 그리움을 가지고 어딘가로 가고 있습니다.

2.   나는 (씨앗)입니다

나는 지금 바람님의 도움으로 하늘을 날고 있는 한 씨앗입니다. 사람들은 나를 씨앗이라고 하는데, 도대체 나는 어떤 꽃의 씨앗일까요? 난 어떤 아이의 손에 앉았어요. 아이는 나를 물끄러미 보다가 입김을 불어 나를 날려버려요. 도로의 매연은 나의 숨을 막히게 하죠. 어느 날 나는 어떤 집 근처에 떨어졌어요. 그런데 그 집은 도시에 있다는 게 신기할 정도로 초라해 보였어요. 어느 한 아이가 기침을 하며 다가와서 생긋이 웃으며 나를 화분에 묻어주지요. 검은 세상에서 나는 물을 받다가 세상 밖 빛을 받게 되었지요.

그런데 나를 화분에 묻어주었던 아이는 누워 있고 그 아이의 어머니는 가끔씩 내게 물을 주며 걱정스런 표정을 짓지요. 나는 어느덧 꽃을 피웠어요. 하지만 아이의 해맑은 웃음은 보기 힘들었어요. 나는 물을 적게 받았던지라 시들기 시작하네요. 어느덧 아이는 점점 병이 낫기 시작해요. 그리고 내게 물도 자주 주지만 난 이미 시들어가고 있어요. 아이가 완쾌하길 기다리며 나는 눈이 감겨 가네요.

3.　　　　나는 (볼펜)입니다.

오늘도 저는 필통이라는 집에서 푹 자다가 일어났습니다. 이상하게 오늘도 머리가 어지럽네요. 자꾸 제 몸이 빙글빙글 도는 듯한 분위기… 알고 보니 나의 유일한 친구이자 주인인 철수가 나를 가지고 자꾸 돌려댔던 탓이었군요.

철수가 오늘은 지겨운지 내 머리를 자꾸 쳐댑니다. 똑딱똑딱, 나는 머리가 무척 아픕니다. 철수는 저를 자주 괴롭힙니다. 아아… 머리가 또 어지럽습니다. 이번엔 왠지 기운이 빠집니다. 잉크가 거의 남지 않았군요. 한 시간이 지나 이제 제 몸에는 잉크가 조금도 남지 않았습니다. 정신이 희미해져 갑니다. 기억도 점차 없어져 갑니다. 으윽, 기운이 없어져가는군요. 쓰레기통 속에 영원히 잠들러 갈 시간이 된 것 같습니다. 몇 분 동안 당신에게 말할 수 있어 즐거웠습니다. 그럼 이만…

해마루 창작 교실

– 사물로 변신하여 그의 말을 대신 써 볼까요?
  특정 사물이 되어 자신의 둔갑술과 공감 능력을 키워가 봅시다.

– 나는 봄비입니다.

12 나만의 명언

– 세계의 명언들과 어깨를 나란히 겨룰 수 있는 멋진 표현을
  해 볼까요?
  진심어린 말과 정성스런 말이 곧 명언입니다.
  삶의 소박한 진리를 몇 마디 말로 자연스럽게 풀어놓으면
  그것이 곧 나만의 명언일 테지요.

보기 1 ···

• 별처럼 서둘지 말고 그리고 쉬지도 말고 (괴테)

• 공상은 지식보다 중요하다. (아인슈타인)

• 세월은 사람을 기다리지 않는다. (도연명)

보기 2 ···

• 빵을 보면 배고프지만 책을 보면 배부르다.

• 독서는 가장 아름답고 가장 단순하고 가장 놀라운 여행이다.

• 이웃의 밝은 미소는 우리를 건강하게 해주는 보약이다.

• 책은 사는 순간의 용기와 펴는 순간의 여유와 읽는 순간의 인내와 읽은 후의 감동이 있어야만이 책과 가까워질 수 있다.

• 세상의 걸림돌이 되지 말고 세상의 디딤돌이 되어라.

해마루 창작 교실

- 지금 이 순간 명언을 한 번 만들어 볼까요?
  가장 멋진 표현, 가장 세련된 표현이 되게끔 정성과 능력을 다하기 바랍니다.
- 정성을 쏟을 수 있는 대상이 있다는 게 생활의 행복이고 즐거움입니다.
  이 마음을 변함없이 누릴 수 있도록 하는 게 〈 똑똑이 국어 문학 〉 책의 가장 중요한 존재 가치가 되겠지요?

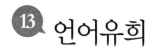 **언어유희**

– 재미난 발음이나 유머를 모아서 이웃과 나누어보는 시간을
 한 번 가져 볼까요?
 아마도 색다른 행복감이 가슴 깊은 곳에서 파도처럼
 밀려올 것입니다.

보기 ....

1. 저 기린 그린 그림은 암 기린 그린 그림이냐
 수 기린 그린 그림이냐?

2. 마당에 널린 저 콩깍지는 깐 콩 콩깍지냐 안 깐 콩 콩깍지냐?

3. 간장 공장 공장장은 강공장장이고, 된장 공장 공장장은
 장공장장이다.

4. 소주 좀 주소 (앞뒤 같은 소리)

해마루 창작 교실

- 내가 알고 있는 재미난 언어유희를 한번 적어 볼까요?
  (스스로 창작하면 더 좋아요.)
- 이런 걸 하나하나 모아서 사람들과 재미 삼아 주고받는 기회를 가진다면,
  우리의 일상이 저절로 유쾌하고 즐거워지겠지요?

14 시조 쓰기

– 시조의 형식에 맞추어 시조를 한번 써 볼까요?
  시조는 3장 6구 45자 안팎의 정형시입니다. 그러나 시조에서 정형
  의 틀은 비교적 여유롭고 신축성이 있으니, 글자 수에 사로잡히지
  말고 물 흐르듯이 자연스러운 호흡으로 시조를 한편 지어 봅시다.
  시조를 잘 알아야 진정한 한국인이죠.
– 퍼즐 맞추기의 재미랄까, 집짓기의 재미랄까, 정형 구조로 짜 맞추
  어 가는 즐거움을 한껏 누려 보아요.

보기

1. (독서)
  흰 종이 까만 글씨 복잡한 글자 숲 속
  숨겨진 상상 그림에 내 마음 설레인다
  감동이 냇물 흐르듯 굽이치는 이 순간

2. (그리움)
  그대를 생각하며 그대를 불러보네
  그대가 남겨둔 건 사랑과 그리움뿐
  언젠가 돌아오리라 그리움이 나를 감싸네

3. (눈)

눈은 그치지 않고 내리고 있음에

눈은 마음속에 점점 쌓여가고 있음에

먼 훗날 눈 그친 후에도 쌓인 눈은 반짝이리

4. (배움)

걸어도 걸어가도 깨달음은 끝이 없고

배우고 또 배워도 새로 열리는 배움 길

글 속의 깊은 포근함이 봄바람처럼 와 닿네

5. (사랑)

그대가 나를 마치 밤처럼 잊어도

나는 그대를 해처럼 바라보리

날마다 아니 잊고서 그대를 생각하리

해마루 창작교실

다음 시제 중 하나를 선택하여 시조를 한번 지어볼까요?
　　--- 단풍, 시험, 꿈

🔵15 국어 공부를 잘하는 방법

– 국어 공부를 잘 하는 방법을 한 번 정리해 볼까요?
  실제로 실천하기 힘든 내용도 발표와 정리가 가능합니다.
  왜냐 하면 이것은 순전히 국어 공부에 도움을 받고자 하는
  <u>스스로의 연습이니까요.</u>

보기 ....

• 국어 시험은 책 속에, 그리고 글 속에 답이 있으니 책을 주의 깊게
  읽는다.

• 어떤 낱말이나 문장이 자신의 무엇인가를 자극하면, 글자가 생소
  해질 정도로 되풀이해서 읽고 말하고 상상하고 써 본다.

• 책을 읽으며 자기 삶을 돌아보고 읽은 끝에는 촌평을 달아 자기 생
  각을 정리하고 가다듬는다.

• '표'는 사각형이라는 고정관념을 깨라. 자기 개성대로 표를 만들고
  필요할 때마다 활용해라.

• 항상 생각에 투자하여 아날로그의 낡은 틀을 디지털의 물결로 바
  꾸어야 한다.

- 까도 까도 나오는 양파 속처럼 생각 안에 또 생각을 키워 단단한 심지를 만들어야 한다.

- 국어 책의 미로를 탐험하여 삶의 재미와 감동을 맛보아라.

- 글을 읽을 때마다 자기 생각을 반영한다.

- '보편적, 올바른'이라는 말을 없앤다.
  사람들이 시를 보고 보편적으로 어렵다느니 하는 생각을 반대로 돌려 다르게 보는 게 좋지 않을까?

- 자연과 인간과 사회 속에서 직접 체험한 자기 느낌을 소중하게 갈무리하자.

- 삶에는 자신의 생각이나 느낌이 절대적으로 중요하다.

- 국어 공부는 모든 공부의 꽃이다. 느끼자. 표현하자. 소통하자.

- 남의 발표를 귀 기울여 잘 듣는다.

- 책을 많이 읽는다, 닥치는 대로. 그리고 책의 내용을 항시 요약 정리한다.

- 국어 책을 한 20번 쯤 읽는다.

- 독서를 열심히 하여 자기 생각을 깊게 가다듬고 토론이나 발표에 적극 참여하여 비판하고 반박하고 되먹임하는 힘을 기른다.

- 교과서 본문 날개 글에 답을 해가면서 읽어보고 모르는 낱말이 나오면 반드시 전자사전에서 찾아 정리한다.

- 교과서 글을 주의 깊게 읽고 자기 생각과 의문점을 적어 친구나 선생님께 물어본다.

- 낱말을 또박또박 열심히 익힌다. 속담이나 고사성어도 결국은 낱말이다.

- 글을 읽을 때 '왜'라는 말을 집어넣어 자신의 의견을 한번 넣어보아라.

- 이야기를 머릿속 그림으로 만들어 이해를 분명히 한다. (가령 이야기를 만화 형식으로 정리)

- 생각의 틀을 깨고 여러 각도의 시선을 가지려고 힘쓴다.

- 책을 읽고 나름대로 비평을 해본다. 그러면 책의 내용이 더욱 또렷이 이해되고 자기 생각이 밝아진다.

- 문장 하나하나에 내포된 의미를 쥐어짜내라.
  마치 어머니가 녹즙 한 방울이라도 더 짜내려는 듯이 그 의미를 생각해보고 내 것으로 소화해야 한다. 반드시 자신의 손으로 이것들을 정리하는 것을 잊지 않는다.

- 어떤 글이든(사회 책, 과학 에세이, 소설, 만화, 광고문 등) 글을 읽을 때는 반드시 요약 정리한다.

해마루 창작 교실

'국어 공부를 잘하는 방법'을 자기 나름대로 한 번 적어 볼까요?
그것이 현실적이든 이상적이든, 가능과 불가능을 가리지 말고
일단 적어보세요.
생뚱맞게도 전혀 새로운 생각이 열릴지도 모릅니다.
이 문제는 정답이 없지만 스스로 하는 모든 답변이 또한 정답이기도
합니다.

정답과 해설

1. 문학의 아름다움을 찾아서 -시(시적 표현)

① 시란 무엇?

20쪽 《기본 연습》

1	○	6	○
2	×	7	×
3	×	8	×
4	○	9	○
5	×	10	○

20쪽 《실력다짐》

가		나	
1	운율	1	×----- 시조는 정형시임
2	사무사	2	○
3	정형시	3	×----- 사무사 = 시
4	서사시	4	○
5	서정시	5	×——— 말의 가락 = 운율

② 시의 구성

24쪽 《기본 연습》

가		나	
1	시어	1	×
2	시어	2	○
3	시행	3	×
4	제재	4	×
5	내재율	5	○
		6	○
		7	○
		8	○
		9	○
		10	○

25쪽 《실력다짐》

	가		나		다
1	후각	1	○	1	시각
2	청각	2	×————— 사전적 의미=지시적 의미	2	시각
3	청각	3	○	3	시각
4	시각	4	○	4	시각
5	미각	5	×————— 문학 언어는 함축적 의미에 충실	5	청각

③ 시의 화자

30쪽 《기본 연습》

1	○	6	×
2	○	7	○
3	○	8	×
4	○	9	○
5	○	10	×

30쪽 《실력다짐》

	가		나
1	×	1	복합적
2	공 ————— 청각을 시각으로 표현	2	자아
3	공 ————— 청각을 후각으로 표현	3	어조
4	×	4	심상, 주제
5	공 ————— 청각을 시각으로 표현	5	이미지

④ 운율

34쪽 《기본 연습》

1	○	6	×
2	○	7	○
3	○	8	×
4	○	9	○
5	○	10	○

35쪽 《실력다짐》

가		나	
1	○	1	○
2	×	2	×
3	○	3	○
4	○	4	○
5	×	5	×

⑤ 시의 표현법

41쪽 《기본 연습》

1	○-은유법	6	×-풍유법	11	○-의성법	16	○-의인법,영탄법
2	○-직유법	7	○-대유법	12	○-의인법	17	×-수사법 없음
3	○-의인법	8	○-은유법	13	○-직유법	18	○-의성법
4	○-직유법	9	○-직유법	14	○-은유법	19	○직유법(~인 양)
5	○-의인법	10	×-비교법	15	×-수사법 없음	20	×-돈호법

42쪽 《실력다짐》

가		나		다	
1	햇빛	1	직유법 ----- 보석같이	1	직유법
2	내 마음	2	의인법 ----- 그리워한다	2	은유법
3	소나기	3	은유법 ----- 연결어 없음	3	풍유법
4	시	4	풍유법 ----- 속담 표현	4	의인법
5	밤	5	은유법 ----- 연결어 없음	5	보조 관념

46쪽 《기본 연습》

1	× ----- 과장법	6	비 ----- 직유법
2	× ----- 수사법 없음	7	× ----- 비교법
3	× ----- 반복법	8	비 ----- 의태법
4	× ----- 역설법	9	× ----- 역설법
5	비 ----- 의인법	10	× ----- 수사법 없음

46쪽 《실력다짐》

가		나	
1	의인법	1	반복법
2	활유법	2	반어법

3	은유법		3	은유법
4	× ----- 수사법 없음		4	도치법
5	역설법		5	설의법
6	과장법		6	대구법
7	영탄법		7	점층법
8	과장법		8	상징
9	직유법		9	직유법
10	역설법		10	역설법

⑥ 시적 허용

50쪽 《기본 연습》

1	×	6	○-풍유법
2	○-파아란	7	×
3	×	8	○-차카게
4	○-노오란	9	×
5	×	10	×-반어법

51쪽 《실력다짐》

가		나		다	
1	○	1	×	1	2
2	○	2	×	2	1 ----- 가즈아
3	○	3	×	3	1 ----- 머언
4	○	4	머얼리서 → 멀리서	4	2
5	×----- 시적 허용은 무제한이 아니다.	5	향그럽다 → 향기롭다	5	2

⑦ 시조

55쪽 《기본 연습》

1	×	2	○
3	○	4	○

5	○	6	×
7	○	8	○
9	○	10	×

56쪽 《실력다짐》

가			나		다	
1	중장	2	○	1	45
2	갑오개혁	2	○	2	3
3	연시조	2	○	3	4
4	양반	4	○	4	4.4
5	고려	5	×	5	3, 6

2. 공감의 즐거움을 나누다 –소설(이야기)

① 옛이야기(설화)

69쪽 《기본 연습》

1	○	6	○
2	×	7	○
3	○	8	○
4	○	9	○
5	×	10	○

70쪽 《실력다짐》

가.		나	
1	전설	1	×
2	소설	2	×
3	신화	3	○
4	단군신화	4	×—— 권선징악
5	민담	5	×—— 구연성

② 소설이란 무엇

72쪽 《기본 연습》

가		나	
1	○	1	산문
2	×	2	인물
3	×	3	상상력/허구
4	×	4	배경
5	○	5	인물, 사건, 배경
6	○		
7	×		
8	○		
9	○		
10	×		

73쪽 《실력다짐》

가		나	
1	사건	1	○
2	허구성	2	×
3	갑오개혁/ 갑오경장	3	○
4	인물	4	×
5	어린이	5	×
		6	○
		7	○
		8	○
		9	○
		10	○

③ 소설의 시점, 화자

78쪽 《기본 연습》

1	○	6	○
2	×	7	○
3	×	8	○
4	○	9	○

5	○	10	×

79쪽 《실력다짐》

가		나	
1	1	1	화자
2	3	2	주인공
3	1, 3	3	2
4	3	4	전지적
5	1	5	시점

④ 소설의 인물

85쪽 《기본 연습》

1	×	6	○
2	○	7	○
3	×	8	×
4	○	9	×
5	×	10	×

86쪽 《실력다짐》

가		나	
1	주변	1	○
2	전형적	2	×
3	직접	3	○
4	역할	4	×
5.	입체적	5	○
6	개성적		
7	외양		
8	심리		
9	간접		
10	주동		

⑤ 소설의 구성

90쪽 《기본 연습》

1	○	6	○
2	○	7	○
3	○	8	×
4	○	9	○
5	○	10	×

91쪽 《실력다짐》

	가		나
1	역순행적/ 입체적	1	발단
2	○	2	액자식
3	○	3	구성
4	복합 구성	4	악한
5	○	5	액자식
		6	소설
		7	복합
		8	역순행적
		9	결말
		10	위기

⑥ 갈등, 소설의 표현 방법

95쪽 《기본 연습》

1	×	6	×
2	×	7	○
3	○	8	×
4	○	9	○
5	×	10	○

* 6. 묘사는 사건 전개와 문체의 속도감을 떨어뜨린다.

95쪽 《실력다짐》

가		나	
1	갈등	1	○
2	외적	2	×
3	문체	3	×
4	묘사	4	×
5	등나무	5	○
6	서술		
7	문체		
8	외적		
9	서사		
10	대화		

⑦ 소설의 핵심 정리, 기타

98쪽 《기본 연습》

1	○	6	○
2	○	7	×
3	×	8	○
4	○	9	○
5	○	10	×

99쪽 《실력다짐》

가		나	
1	허구성	1	문체
2	서사성	2	상상
3	진실성	3	인간
4	예술성	4	산문
5	개연성	5	사건

⑧ 고전소설

101쪽 《기본 연습》

1	×	6	○
2	○	7	○
3	○	8	×
4	○	9	○
5	○	10	×

102쪽 《실력다짐》

	가		나
1	일대기적	1	×
2	권선징악	2	×
3	우연적	3	○
4	입체적	4	○
5	운문체	5	○

3. 행복의 씨앗을 뿌려라 – 수필의 향기

① 수필 ② 고전수필

111쪽 《기본 연습》

1	×	6	○
2	○	7	○
3	○	8	×
4	○	9	○
5	○	10	×

112쪽 《실력다짐》

	가		나
1	무형식	1	산문
2	1인칭	2	체험/경험

3	신변잡기	3	수기
4	개성	4	1인칭
5	중수필	5	공통점

4. 극문학, 현실을 그려내다 – 희곡과 시나리오

❶ 희곡이란 무엇?

121쪽 《기본 연습》

1	○	6	×
2	○	7	○
3	×	8	×
4	○	9	○
5	○	10	○

122쪽 《실력다짐》

	가		나
1	갈등	1	연극
2	이야기	2	막과 장
3	현재형	3	현재형
4	희곡	4	공연 ——— '상영'은 영화
5	배경	5	처음 부분

❷ 희곡의 종류, 희곡의 특성

124쪽 《기본 연습》

1	×	6	×
2	×	7	○
3	×	8	○
4	×	9	○
5	×	10	○

125쪽 《실력다짐》

가		나	
1	사건	1	×
2	전개	2	×
3	하강	3	×
4	현재형	4	○
5	행동	5	×——— 대단원

③ 시나리오란 무엇?

128쪽 《기본 연습》

가		나	
1	○	1	상상
2	○	2	있다
3	○	3	시나리오
4	○	4	불가능하다
5	×	5	드라마
6	○		
7	×		
8	○		
9	○		
10	○		

130쪽 《실력다짐》

가		나	
1	장면	1	○
2	갈등	2	○
3	대사	3	○
4	해설	4	○
5	드라마	5	×

④ 시나리오의 구성 요소

132쪽 《기본 연습》

가		나	
1	독백	1	○
2	콘티	2	×
3	내레이션	3	×
4	장면 표시	4	○
5	내레이터	5	×

⑤ 시나리오의 용어

134쪽 《기본 연습》

가		나	
1	⑨	1	×
2	⑧	2	○
3	⑤	3	○
4	⑥	4	×
5	①	5	○
6	④		
7	②		
8	⑦		
9	③		
10	10번		

5. 문학의 뒷마당 – 자투리 문학을 비질하다

❶ 민요

144쪽 《기본 연습》

1	○	6	○
2	○	7	○
3	○	8	○
4	×	9	○
5	○	10	×

145쪽 《실력다짐》

	가		나
1	입, 입	1	굿거리장단
2	문학	2	북
3	제주	3	4.4조
4	노동요	4	○
5	유희요	5	전라도

❷ 판소리

148쪽 《기본 연습》

1	○	6	○
2	×	7	×
3	○	8	×
4	○	9	○
5	○	10	○

149쪽 《실력다짐》

	가		나
1	고수	1	○
2	아니리	2	○
3	추임새	3	추임새

4	서편제	4	신재효
5	창	5	다섯 마당

③ 전기문

152쪽 《기본 연습》

1	×	6	×
2	×	7	○
3	×	8	○
4	×	9	○
5	○	10	○

153쪽 《실력다짐》

가		나	
1	교훈	1	사실적
2	열전	2	회고록
3	평전	3	소설
4	집중적	4	배경
5	비평(평가)	5	인물

6. 비문학의 글 – 실용문이 빛나다

① 설명문 ② 논설문

160쪽 《기본 연습》

1	○	6	○
2	×	7	×
3	×	8	○
4	×	9	○
5	○	10	○

161쪽 《실력다짐》

가		나	
1	분석	1	○
2	이해	2	○
3	통일성	3	○
4	표현하기	4	○
5	주장	5	○

③ 보고서 ④ 기사문 ⑤ 광고문

171쪽 《기본 연습》

1	×	6	×
2	×	7	○
3	○	8	×
4	○	9	○
5	×	10	○

172쪽 《실력다짐》

가		나	
1	기획	1	본문
2	대담, 인터뷰	2	○
3	누가, 어떻게	3	○
4	전문	4	끝 부분
5	공익, 기업	5	○

7. 창작의 즐거움 – 문학의 꽃을 피우다

말랑말랑 국어 완전정복
똑똑이 국어문학

2020년 2월 28일   초판 1쇄 인쇄
2020년 3월 05일   초판 1쇄 발행

지은이   이동훈
펴낸이   이규만
디자인   B&D
펴낸곳   참글세상

출판등록   2009년 3월 11일 제300-2009-24호
주소   (우)03149 서울시 종로구 인사동 7길 12 백상빌딩 1305호
전화   02 - 730 - 2500
팩스   02 - 723 - 5961
이메일   kyoon1003@hanmail.net